Serge Wilfart

DIE MELODIE MEINES WESENS

W0074874

Serge Wilfart

DIE MELODIE MEINES WESENS

Auf der Suche nach der eigenen Stimme

Walter-Verlag Zürich und Düsseldorf

Titel der Originalausgabe:
LE CHANT DE L'ETRE. Analyser, construire, harmoniser par la voix.
Erschienen bei © Edition Albin Michel, S. A. – Paris 1994

Aus dem Französischen übersetzt von Lorenz Häfliger

Die Deutsche Bibliothek – CIP-Einheitsaufnahme

Wilfart, Serge:
Die Melodie meines Wesens : auf der Suche nach der eigenen
Stimme / Serge Wilfahrt. [Aus dem Franz. übers. von Lorenz
Häfliger]. – Zürich ; Düsseldorf Walter, 1996
Einheitssacht.: Le chant de l'etre <dt.>
ISBN 3-530-30007-1

Alle Rechte vorbehalten
© der deutschen Ausgabe: Walter-Verlag, 1996
Satz: Utesch Satztechnik GmbH, Hamburg
Druck und Einband: Clausen & Bosse, Leck
Printed in Germany
ISBN 3-530-30007-1

Inhalt

Zum Geleit

Serge Wilfart habe ich in einem Studio von *Radio France* kennengelernt. In einer unvorbereiteten Direktsendung sind wir uns dank der verständnisvollen Mithilfe eines Journalisten nahegekommen, der sich glücklich schätzte, Zusammenhänge zwischen östlichen und westlichen Traditionen zu finden, Vergleichbares zusammenzutragen und vielleicht sogar im eigenen Geist in Einklang zu bringen. Und so fanden wir zusammen in einem gemeinsamen Gespräch über den Atem als Energie, über die aufrechte Haltung, über das Bewußtsein seiner eigenen Gegenwärtigkeit und über die Entdeckung seiner eigenen Grundnatur, seiner ursprünglichen Natur.

Die in diesem Buch dargelegte Methode ist stark von der «Essenz des Zen» geprägt, wie mein Meister, der japanische Mönch Taisen Deshimaru, es nannte. Es ist keineswegs ein Zufall, daß *«Zen in der Kunst des Bogenschießens»* von Eugen Herrigel Serge Wilfarts Lieblingsbuch ist. Seine Schüler müssen jeweils einige Ausschnitte daraus laut vorlesen. Der ehemalige Operntenor und Konservatoriumsprofessor lehrt jetzt freilich etwas ganz anderes als Gesang. Seine Untersuchungen über die Töne und die Stimme helfen uns, bewußt zu einer «Reise in unser Inneres» aufzubrechen. In diesem Sinne könnte man ihn einen Revolutionär nennen, denn er führt uns zu einer Revolution, einer radikalen Umkehr, durch die wir unsere «Alltags»stimme, die oft nur Abglanz einer oberflächlichen, ichbezogenen und erkünstelten Persönlichkeit ist, grundsätzlich in Frage stellen. Serge Wilfarts Kunst besteht darin, daß er es uns ermöglicht, durch einen schrittweisen und alles mit einbeziehenden Wiederaufbauprozeß die echte Stimme unseres eigentlichen tiefen Seins wiederzufinden, besser gesagt: sichtbar zu machen. Es geht um nichts weniger als für sich selbst zu sterben und alles um eines Besser-Seins willen hinter sich zurückzulassen. Daran kann kein Zweifel bestehen: Der *Weg*, den er uns hiermit eröffnet, ist eine Initiation …

Im Zazen, der Meditation im Hocksitz, der einzig richtigen Körperhaltung, sind richtige Atmung und richtige geistige Haltung eng miteinander verquickt. Serge Wilfart begnügt sich nicht damit, die Einheit von Körper und Geist theoretisch zu anerkennen, er setzt sie auch in die Praxis um. Die Idee dieser Einheit ist vom heutigen Abendland nicht immer wirklich akzeptiert worden. Die Vorstellungen von einer alles einschließenden Wirklichkeit, die in vielen von neuzeitlichen Auffassungen durchdrungenen Bereichen vertreten werden, sind oft nicht mehr als reizvolle Redewendungen. Descartes' Dualismus hat sich als hartnäckig erwiesen. Durch die Verwirklichung dieser Einheit gelangt man zu dem, was die Zen-Meister als Weisheit des Körpers bezeichnen, und zwar nicht nur im Sinne einer *«mens sana in corpore sano»* oder einer besonderen Beachtung, die einer gewissen Lebenshygiene geschenkt wird, sondern als ein «Denken mit dem Körper», ein Verstehen mit dem Körper.

Serge Wilfarts Methode, die durch Töne und die Stimme aufbaut und harmonisiert, wie es im Untertitel dieses Buches in der französischen Ausgabe zum Ausdruck kommt, stützt sich, was auch für die Meditation gilt und das Gebet gelten müßte, auf die Atmung. Letzten Endes lehrt er ganz einfach atmen. Indem er richtiges Atmen lehrt, fördert er das Leben in uns, weil er die in uns ruhenden Kräfte weckt. Diese Kräfte veräußerlichen sich in der Schönheit der Stimme und lösen dadurch ganz natürlich Weisheit des Geistes aus. Im Sanskrit heißt der Atem *prana*, die Weisheit *prajna*, eine Ähnlichkeit im

Klang, in der eine Köstlichkeit und eine eigentliche *Resonanz* zum Ausdruck kommt.

Die Atmung ist eine Handlung, die durch einen Austausch, eine fortwährende Kommunion, die individuelles und universelles Bewußtsein harmonisch miteinander verbindet und so gewissermaßen die Einheit konkret verwirklicht. Harmonie ist ein Wort, das Serge Wilfart ganz besonders liebt. Im Inneren, ganz zuinnerst, sucht er die Stimme ohne Ego, die Stimme des befreiten Seins, das in Harmonie mit der Erde und dem Himmel lebt, das die Natur von innen her zu erfühlen und seine ungestörte Einheit mit dem Universum wahrzunehmen vermag. Dieses Gefühl der Harmonie, dieses Gefühl der Fülle und des Wohlbefindens fördert eine bessere Beziehung zum Mitmenschen, eine neue Qualität in dieser Beziehung, ohne die es keinen wirklichen Dialog in der Liebe und in der Sympathie geben kann.

Auf den Spuren eines Prinzen von den Grenzen Nepals, der vor fünfundzwanzig Jahrhunderten in seinem sterblichen Körper den Weg entdeckte, der zum ewigen Licht führt, ist auch Serge Wilfart ein Glied in der langen Kette der Erwecker in diesem ausgehenden 20. Jahrhundert.

JACQUES DEPERNE,
dem Zen-Meister Taisen Deshimaru nahestehender Jünger.

Vorwort

«Professor für Gesang ..., genauer Professor für Stimme», das ist meine Antwort, wenn mich jeweils jemand nach meinem Beruf fragt. Das verwundert den Gesprächspartner: Wie kann man Stimme lehren? Der Grund dafür ist offensichtlich: Man hat entweder eine Stimme, oder man hat sie nicht. Die Natur hat uns mit einem schönen Organ ausgestattet, also können wir singen. Oder sie hat uns in dieser Hinsicht alles andere als verwöhnt, und deshalb können wir nur sprechen. Die Behauptung, man sei imstande, jemandem eine Stimme zu verleihen, der von seiner Konstitution her nicht das Talent dazu hat, löst somit auf den ersten Blick mit Recht Verwunderung aus.

Und doch ist das Stimmphänomen eins und unteilbar. Es gibt keinen vernünftigen Grund zur Annahme, man verstehe sich zwar auf das gesprochene Wort, sei aber gleichzeitig ungeeignet für den Gesang. Wer schlecht singt, spricht schlecht, atmet schlecht, hat eine schlechte Haltung, fühlt sich schlecht «in seiner Haut». Es ist nicht nur jedem Menschen möglich zu singen, sondern der Erwerb der Singstimme zieht notwendigerweise auch eine Verbesserung der Sprechstimme nach sich; Die Atemfunktion entwickelt sich, der Körper nimmt eine aufrechte Haltung an, allgemeiner noch: Das Sein findet zu seiner ursprünglichen Wahrheit zurück. Der Professor für Stimme wird so zu einer Art Geigenbauer, der gleichzeitig das Instrument und den Musiker wiederherstellt.

Diese einführenden Bemerkungen wollen nicht bloße Worte sein oder ganz einfach schockieren. Im Gegenteil, sie stützen sich auf eine langjährige Praxis im öffentlichen und privaten Unterricht, auf viele organisierte Kurse, auf Untersuchungen an Hochschulinstituten, auf medizinische und paramedizinische Forschungsergebnisse. Der Inhalt dieses Buches beruht auf der Beobachtung von Hunderten von Fällen und auf Versuchen, die ich durchgeführt habe und noch immer an mir selbst durchführe.

Das Wort *Sänger* wird in diesem Buch nicht in seiner gewohnten Bedeutung verwendet. Damit ist nie eine Person gemeint, die den Gesang als Hauptberuf oder als Freizeitbeschäftigung ausüben will. Unter *Sänger* wollen wir hier jedes menschliche Wesen verstehen, das nach diesem Zustand des Wohlbefindens und der körperlichen, psychischen und geistigen Ausgeglichenheit strebt, welche der stimmliche Ausdruck ermöglicht.

Gelegentlich berufe ich mich auf traditionelle, insbesondere östliche Lehren (*Hara und k'i* der Japaner, ihre Kriegskünste, die Theorie der Chakren und das auf Atmung beruhende Yoga), aber nur insofern ich durch meine eigenen Arbeiten bestätigen kann, daß sie wohl begründet sind.

Ich fühle mich jedoch keineswegs von vornherein von spirituellen Exotismen angezogen, die höchst unausgereiften Praktiken und schleierhaften Theorien der Händler mit Illusionen und anderer Marktschreier aus dem esoterischen Bazar haben mich nie in Versuchung geführt. «Wer von weit her kommt, kann gefahrlos lügen», sagt das Sprichwort. Ich bin ein Mensch des Hier und Jetzt. In diesem Buch widerspiegeln sich meine Arbeit, meine Untersuchungen, mein Leben. Deshalb bildet eine kurze Selbstbiographie den Anfang. Weshalb habe ich diesen Beruf gewählt? Weshalb praktiziere ich ihn ganz anders als alle anderen? Ich kann nicht über meine tieferen Beweggründe reden, ohne auf mein Leben zurückzublicken, das alles andere als ein ruhig dahinfließendes Gewässer war …

KAPITEL 1

Seine Stimme finden

Ich bin in einem kleinen belgischen Dorf unmittelbar an der französischen Grenze zur Welt gekommen. Meine Eltern haben als Geburtsdatum den 6. September angegeben, doch anscheinend hat das Ereignis schon am Vortag stattgefunden. Kaum geboren, befand ich mich, was meine nationale Zugehörigkeit betrifft, unversehens und unverschuldet in einer etwas ungewöhnlichen Situation. Meine ersten Lebensjahre habe ich in einer Art geistigem Niemandsland verbracht: Ich war zwar belgischer Staatsbürger, lebte aber zwei oder drei Kilometer vom französischen Zoll entfernt, und aus diesem Grunde ist mir meine Zugehörigkeit zum Königreich Belgien immer gleichgültig gewesen. Als ich es später für gut befand, Franzose zu werden, begriff ich, daß das Wort «Naturalisierung» in meinem Fall den Sinn einer «Rückkehr zu meiner Natur» hatte. Dennoch lebe ich noch immer in Belgien, in Tournai, einer Stadt, die zur Zeit der Merowinger die erste Hauptstadt des neuen Reiches Francia war. Wie real ist denn überhaupt eine solche politische Grenze, die weder durch die Sprache noch die Landschaft, nicht einmal durch die Sitten und Gebräuche gerechtfertigt ist? Während meiner Kindheit war mein Dorf eine ländliche Gemeinde, bewohnt von Grenzgängern, die jeden Tag zur Arbeit nach Frankreich gingen, in die Metropole des Nordens, die damals ein Zentrum der Textilindustrie war. Dieses tägliche Hin und Her über eine völlig durchlässige und unkompliziert gehandhabte Grenze unterstrich noch deren Bedeutungslosigkeit.

Mein Vater hatte sein Handwerk in Frankreich gelernt.

Er war in ganz jungen Jahren Waise geworden und wurde später ein richtiger Autodidakt, der aus eigenem Antrieb lesen und schreiben lernte. Um sich durchs Leben schlagen zu können, übte er viele Berufe aus, unter anderen den des Schlossers. Er arbeitete sogar als Hirte − was bei meinen Eltern immer wieder Anlaß zu Heiterkeit war: Meine Mutter hieß nämlich Mélanie wie die Schutzheilige der Hirten.

Mein handwerklich sehr geschickter Vater arbeitete zeitweilig in einer französischen Fabrik, die Federn herstellte. Er wurde schon bald zum Vorarbeiter befördert, worauf er sich entschloß, gemeinsam mit seinem Schwager, der, was zu dieser Zeit in unseren Kreisen höchst selten vorkam, die Sekundarschule mit einem Diplom abgeschlossen hatte, eine eigene Federn-Fabrik zu gründen. Auf seinem Fahrrad bereiste mein Vater Belgien in allen Richtungen, um Abnehmer für seine Produkte zu finden. Dank seinen Fähigkeiten und seiner Hartnäckigkeit entwickelte und konsolidierte sich sein Unternehmen allmählich. Es besteht noch immer. Ich habe somit meine Jugend unter Federn verbracht, zwischen metallischen Spiralen, in den Windungen der Unendlichkeit.

Seltsamerweise hat mich diese unaufhörliche Ausdehnungs- und Zusammenziehungsbewegung der Federn mein ganzes Leben lang fasziniert: Das Metall erhielt für mich Knochen und Muskeln, der Zylinder wurde zu einem menschlichen Rumpf. Meine eigene Tätigkeit ist nicht die Fabrikation, sondern die Verifikation und die Restaurierung. Und so bin ich noch immer wie eine Feder: Ich nehme Arbeit auf und setze sie um in eine Bewegung.

Meine Mutter, das jüngste von zwölf Kindern, stammte aus einer Familie flämischer Holzschuhmacher. Auch sie hat während ihrer ganzen Kindheit hart gearbeitet, indem sie ihren Eltern bei der Aushöhlung der Holzstücke half. Sie hat sich als Näherin betätigt und Kinder großgezogen. Sie hatte eine mächtige Stimme, trotz einer von vordergründiger Gefühlskälte geprägten Schüchternheit. Im Zorn war ihre Stimme von wagnerscher Wucht wie die meiner Onkel mütterlicherseits, lauter Holzschuhmachern, die an Familienfesten wie Donnergrollen schallten. Mir wurde diese Stimme bewußt, als mein Vater starb. Es war ein gewaltiger und entsetzlicher Schock. Am Begräbnistag, als man den Sarg durch das Fenster der guten Stube aus dem Haus brachte, stieß meine Mutter, die in der Küche geblieben war, einen Schrei aus, einen einzigen. Er klang wie das Heulen eines schwerverletzten Tieres. Erst viel später vermochte ich diese Erschütterung zu verstehen. Ich begriff, daß in diesem Augenblick ihr ganzer von Schmerz und Verwirrung erschütterter Körper mitgeschwungen, entsetzlich mitgeschwungen hatte. Dieser einzige verzweifelte Schrei ist für mich das Vorbild geblieben, auf das ich in meinem Beruf zurückgreife, wenn ich mit Schreien zu tun habe.

Meine Schulzeit war chaotisch. Die Primarschule besuchte ich zum Teil in meinem Dorf, in der Schule der Maristen-Brüder unserem Haus gegenüber, später in einem Pensionat bei den christlichen Schulfratres in einigen Kilometern Entfernung. Meine Eltern, die nicht mehr sehr jung waren (meine Mutter war bei meiner Geburt mehr als vierzig Jahre alt gewesen), hielten es für sinnvoll, mich fremdes Brot essen zu lassen, denn ich war ein eher schwieriges Kind.

Auch meine Sekundarschuljahre verbrachte ich in Internaten, zunächst in einem Kollegium um die fünfzig Kilometer von meinem Zuhause entfernt. Ich hatte beschlossen, nichts zu lernen, aus Abscheu vor dem Internatsleben. Später wurde ich bei den Jesuiten untergebracht, die es nicht ertrugen, daß ich eine Freundin hatte; die Zeiten haben sich seit damals geändert. Diese asketische Institution warf mich hinaus. Daraufhin nahm man mich in einer offiziellen Sekundarschule auf, nachdem ich eine Reihe von Prüfungen bestanden hatte, obwohl die Lehrpläne der beiden Schulsysteme nicht aufeinander abgestimmt waren. In einigen Fächern hinkte ich hoffnungslos hinterher, und ich fühlte mich einsamer denn je, alles war mir widerwärtig. Nach den ersten drei Schuljahren mit humanistischen Fächern legte ich deshalb eine Pause ein. Ich spielte in Kaffeehäusern Karten, anstatt die Lektionen zu besuchen. Ich war wirklich am Ende. Was sollte nur aus mir werden? Ich hatte Arzt werden wollen. Offensichtlich war ich nicht für ein normales Schulleben geschaffen. Genauer gesagt, ich dachte damals umgekehrt, die meisten Professoren seien nicht für einen Schüler meines Kalibers geschaffen.

War ich ein aufsässiges Kind? Jedenfalls habe ich das Pensionat als eine Art Verlassenheit erlebt. Meine Eltern und insbesondere meine Mutter hatten mich, so schien mir, fallen gelassen. Meine unverbesserliche «Faulheit» und mein Nomadisieren von einer Schule zur anderen waren äußere Anzeichen einer heimlichen, aber entschiedenen Weigerung und Ablehnung. Nach einigem Schwanken schrieb ich mich am Konservatorium ein. Unbewußt drängte mich die Anziehung, welche die Stimme auf mich ausübte, dazu: Als ich elf Jahre alt gewesen war, hatte der Leiter eines Schülerchors meine hübsche Stimme entdeckt und mich als Solisten singen lassen, einer der seltenen glücklichen Augenblicke im grauen Alltag meines Pensionatslebens. Später begleitete ich meine Eltern nach Lille, wenn sie Operetten besuchten. Die Bühne begeisterte mich. Zweifellos waren es auch solche Erinnerungen, die mich zum Singen bewegten. An seiner eigenen Stimme zu arbeiten, bedeutet im übrigen auch, seinen eigenen Körper wieder lieben zu lernen, was voraussetzt, daß sich zu einem bestimmten Zeitpunkt ein Haß, eine Gleichgültigkeit oder ein Unbehagen ihm gegenüber ausgebildet hat. Das war bei mir der Fall: Als ich ins Pensionat geschickt wurde, entwickelte ich plötzlich eine ungeheure Gefräßigkeit. Bis zu meiner feierlichen Kommunion hatte ich viel Fett angesetzt. Innerhalb weniger Monate wurden mir meine neuen Kleider zu eng. Die Entscheidung für den Gesang war für mich – das habe ich in den vergangenen Jahren begriffen – auch aus einem Verlangen hervorgegangen, mich in meinem Körper wieder wohlzufühlen.

Mit meinem Eintritt ins Konservatorium war ich fest entschlossen, daß die Stimme mein «Handwerk» werden sollte, was bei den lokalen Gesanggrößen erhebliche Verstimmung auslöste: Man hielt mich für eingebildet und wirklichkeitsfremd, vor allem als man von meiner Absicht erfuhr, Kurse am Höheren Konservatorium zu besuchen. Meine Entschlossenheit wurde dadurch nicht beeinträchtigt. Meine berufliche Zukunft zeichnete sich vor meinen inneren Augen mit unerschütterlicher Logik ab: Ich würde singen und Theater spielen. Und ich wurde tatsächlich auf der Sekundarstufe mit einem ersten Preis in Solfège, in Gesang und dramatischer Kunst ausgezeichnet, später auf der höheren Stufe dann mit ersten Preisen für Gesang, Melodie und lyrischen Ausdruck, und auch einige besondere Auszeichnungen innerhalb des lyrischen Ausdrucks kamen dazu. Dank solchen Kursen bin ich allmählich in meinen Beruf hineingewachsen. Ich muß hinzufügen, daß meine Eltern diesen Entschluß in keiner Weise behinderten, sondern mich vorbehaltlos unterstützten, sobald sie spürten, daß meine Entschlossenheit allen Prüfungen standhalten würde.

Meine Karriere am Theater und an der Oper war nicht die interessanteste Zeit in meinem Leben. Nachträglich habe ich den Eindruck, ein anderer als ich habe sie erlebt. Ich erinnere mich an Auftritte in Mons, Gand, Lüttich, Brüssel und Charleroi. Ich stand in vielen französischen Städten auf der Bühne, insbesondere im Mulhouse, ebenso in den Niederlanden. Ich sang in Operetten, komischen Opern und Oratorien …

Doch es war entschieden ein anderer als ich, der sang und damals als erster Tenor auftrat. Wie soll man sich diesen Eindruck erklären, der seither zur Gewißheit geworden ist?

Schon als ich als Siebzehnjähriger das Konservatorium besuchte, hatte ich die Absicht, mir ein Repertoire anzueignen, wie es mir damals gefiel und das mir noch immer Freude bereitet: Verdi, Wagner, Bizet ... Seit ich mit Schülern arbeite, habe ich festgestellt, daß diese in vielen Fällen mit Vorliebe Stimmen hören, die mit ihrer eigenen stimmlichen Grundpersönlichkeit übereinstimmen. Bei Sängern mit einer Vorliebe für die großen Bässe, die aber selbst in einer anderen Stimmlage singen müssen, zeigt sich später oft, daß sie in Wirklichkeit eine Baßstimme haben. Diese Beobachtung wird praktisch durch alle Fälle belegt, ausgenommen bei Sängern, deren Gehör zuvor durch eine lange Gesangspraxis verformt worden ist.

Ich selbst hörte mir damals die berühmten italienischen Opern, die guten Tenöre an. Leider haben mich meine lieben Lehrer völlig von dieser «Berufung» abgehalten. Es gibt eine Erklärung dafür, nämlich ziemlich verbreitete Unkenntnisse in Gesangtechnik: Viele der Professoren hatten nie selbst auf der Bühne gestanden; sie waren Rädchen in einem in sich geschlossenen Schulräderwerk, wo Lehrer ohne jede praktische Erfahrung künftige Lehrer ausbildeten, die später ebenfalls ihr «Wissen» wieder weiterreichten, ohne je die geringste künstlerische Leistung gewagt zu haben, wodurch dann eine lückenlose Reihenfolge von Theoretikern ohne praktische Erfahrung entstand.

Ich hatte mich auf ein verarmtes System eingelassen, in dem die gelebte Tradition guter und wahrer Stimmen vor vielen Jahrzehnten abgebrochen war. Am Ende würde das gesamte Unterrichtssystem vollends zum Erliegen kommen.

Einige Professoren mit bemerkenswerten menschlichen

und musikalischen Qualitäten, das muß ebenfalls gesagt werden, waren so ehrlich einzugestehen, sie würden nichts von der Stimme verstehen. Man trat somit mit einer mehr oder weniger natürlichen Stimme ins Konservatorium ein, man arbeitete mit dieser Stimme, man lernte viel über Musikalität und Interpretation, doch ohne an der Vervollkommnung dieser Stimme zu arbeiten. Ergebnis: Als ich meinen Beruf auszuüben begann, brachte ich keine Melodie mehr heraus, ohne stimmlos zu werden.

Auf den Rat eines Kollegen hin, dessen stimmliche Qualität und Technik ich bewunderte, vertraute ich mich dem Mann an, der seiner Meinung nach sein einziger wirklicher Lehrer gewesen war: André d'Arkor. Als wir einander «unverhofft» begegneten, war er bereit, mich anzuhören. Sein Urteil war vernichtend: «Auf diese Weise werden Sie nie mehr singen.» Er brachte meine Stimme wieder in Ordnung, worauf ich vierzehn Tage später einen Preis für lyrischen Ausdruck gewann – im ersten Rang.

D'Arkor war mein erster wirklicher Stimmbildner. Ihm verdanke ich es, daß ich mit der Stimme, die man mir gelassen hatte, trotz allem Theater spielen konnte. André d'Arkor hatte eine große Karriere hinter sich. Plattenaufnahmen zeugen von seiner großen Kunstfertigkeit, zweifellos das Resultat einer kompetenten Ausbildung. Nicht zufällig haben es die Mittelmäßigen durch Intrigen verhindert, daß er Gesangprofessor an einer musikalischen Hochschule wurde.

Als ich meine Theaterkarriere beendete, hatte ich ein Gefühl restloser Sattheit. Ich hatte genug davon, mich in einem Repertoire zu verzetteln, das mir keine Befriedigung verschaffte. Gewiß, man gestand mir ausgezeichnete Fähigkeiten als Musiker und Schauspieler zu, doch was die Stimme angeht, den eigentlichen Höhepunkt im lyrischen Ausdruck, war ich Mittelmaß geblieben. Diese Selbstbeurteilung war mit meiner

Auffassung von stimmlichem Ausdruck nicht mehr in Einklang zu bringen, womit die Beweggründe für meine Berufswahl unbefriedigt geblieben waren. Ich erlebte in dieser Zeit den totalen Zusammenbruch einer serienmäßig ausgebildeten Persönlichkeit. Diese mußte in allen Bereichen auf gesünderen Grundlagen neu aufgebaut werden. Ich stellte an mir selbst Versuche an, um das Prinzip, das sich später als richtig erweisen sollte, zu erhärten, wonach wir alle eine Stimme, die nicht die unsere ist, in der sich eine falsche Persönlichkeit widerspiegelt, aus der Adoleszenz in das Leben als Erwachsene mitnehmen. Stellt man diese Stimme in Frage, so wird das ganze Gebäude zerstört – besser gesagt, es bricht zusammen –, und genau das widerfuhr mir damals im beruflichen, familiären und spirituellen Bereich.

Die analytische Therapie, der ich mich damals unterzog, machte meinen schwankenden Gewißheiten den Garaus, *tabula rasa*, und schuf Platz für einen Neuanfang. Ich befand mich wieder in einem Zustand des Neugeborenwerdens, der Freiheit, der Verfügbarkeit.

Zur selben Zeit versuchte ich, in eine verehrungswürdige Bruderschaft aufgenommen zu werden, mit der mich vorerst nur, mit gutem Wein begossen, eine von unechter Herzlichkeit getragene Freundschaft verband. Hatte mich meine Lektüre in die Irre geführt? Würde ich in dieser von närrischen Ritualen und positivistischer Spottlust geprägten Tafelrunde wirklich das Urlicht finden, das sich selbst in alle Ewigkeit immer wieder neu hervorbringt? Ich glaubte zunächst an die Fabel der spanischen Herberge: Ich würde in dieser Gemeinschaft nur die Mängel und Illusionen finden, die meine Phantasie in sie hineingedacht hatte und an denen sie sich in einem in sich geschlossenen Kreislauf ergötzte. Doch im Laufe der Jahre entdeckte ich in besonders glückhaften Augenblikken, je tiefer ich durch meine Irrungen und mein Suchen in diese Initiation eindrang, eine echt spirituelle Symbolik und Dialektik in ihr.

Von nun an stimmte wieder alles zusammen: Der physiologische Zustand, das analytische Forschen, das Bemühen um Initiation, und das alles unter dem dreifachen Zeichen des Körpers, dessen Stimme die zarte Blüte ist, der Psyche, deren Irrungen entwirrt werden müssen, und des Geistes, der den Übergang zu erzwingen versucht. Rationalisten, mit denen ich damals zusammentraf, drangen mit ihrer Kritik nicht durch: Für mich öffnet die Reise durch das psychoaffektive Labyrinth hindurch in den Körper die Pforten zum spirituellen Mittelpunkt. Der innere Tempel wird nicht nur durch einen symbolischen Bezug auf die Proportionen der Kathedralen – einen rein geistigen Prozeß – wiederaufgebaut, sondern und vor allem durch das Erkennen unseres eigenen Körpergebäudes. Das Logo für meine Methode des stimmlichen Wiederaufbaus wurde deshalb nicht zufällig gewählt; während der Arbeit erhält es seine ganze aufbauende Bedeutung für den Sänger: singen – Werkplatz[1].

Am Ende dieser Phase einer grundlegenden Neubesinnung war ich bemüht, eine bestimmte Art von Schein aufzugeben und unentwegt in Richtung einer Art von Sein zu streben; später habe ich bei meinen Schülern stets ein ähnliches Bestreben und eine vergleichbare Entwicklung feststellen können: Immer wieder war ich schon bei meinen ersten Kursen überrascht und betroffen von der Freude, mit der meine Schüler die «langweiligen» Aufgaben ausführten, die ich ihnen stellte ... Sie brachten ihr Bestes ein, und zwar viel spontaner, viel gründlicher als bei den Gesangübungen. Diese Prüfungen weckten durch ihre Strenge und ihre Wiederholbarkeit in ihnen innere Empfindungen des Entdeckens, der Entspannung und der Heiterkeit; denn sie erforschten, reinigten und erneuerten sich durch die Stimme.

Ein Wendepunkt in meiner Karriere war der Übergang zum Lehren. Ich hatte dem Theater und meinem Vater den Rücken gekehrt, der mich, weil er niemanden fand, der sein Unternehmen weiterführen wollte, daran zu beteiligen wünschte. Der «Zufall» – ein unerwarteter Vorschlag des Leiters einer Musikschule, den ich um nichts gebeten hatte – brachte mich dazu, daß ich mich dem Gesangunterricht zuwandte. Ich hatte das Gefühl, diese Aussicht würde mit eher behagen als die Feder-Industrie. Mit der väterlichen Fabrik hätte ich zweifellos angenehm leben können, aber sie hätte mich gelangweilt. Mein Bruder trat die Nachfolge an, und ich entschloß mich, Gesangkurse zu geben. Doch ich konnte meine Tätigkeit in diesem neuen Beruf nicht beginnen, ohne an den hergebrachten Methoden zu rütteln.

Es läßt sich, etwas schematisch formuliert, oft beobachten, daß von zehn Kandidaten für einen Gesangkurs drei aufgenommen werden, weil sie «eine Stimme» haben, während man die sieben anderen abweist. Dennoch können alle zehn sprechen. Ist das nicht erstaunlich? Damit wird unterstellt, jeder Mensch habe zweierlei Stimmen, die eine für das Sprechen, die andere für den Gesang. Ich lehnte dieses Axiom ab und nahm alle auf. Schon bald stellte ich fest, daß ein Schüler im Gesangkurs natürlicherweise mit den gleichen Stimm- und Atmungsreflexen zu singen beginnt, mit denen er auch spricht. Nun verwenden aber die meisten von uns ihre Sprechstimme schlecht, weil sie nur einen Teil des vollen Spektrums einer normalen Singstimme umfaßt. Weshalb also nicht die Gesangschulung dazu nutzen, um das gesamte Atmungs-Stimm-System in Ordnung zu bringen?

Zu meiner großen Überraschung stellte ich fest, daß meine Motive als Lehrender nicht so sehr von der Ästhetik, sondern von der Ethik bestimmt waren: Sobald ich einen Schüler zur Arbeit an sich selbst anwies, war es nicht mehr mein Anliegen, von außen her eine ästhetisch befriedigende Stimme heranzubilden. Schon bei den ersten Tönen versuchte ich im Gegenteil, die muskuläre und innere Logik zu erkennen. Ich analysierte die organischen Atmungs- und Stimmgebungsprozesse, die den Ton erzeugen, das alles mit der Absicht, eine kohärente und natürliche Stimme wiederherzustellen. Diese vom Lehrkörper unverstandene Praxis bewirkt, daß ich nach entsetzlichen Mißtönen sehr schöne Töne auslösen kann. Die Hervorbringung solcher Mißtöne ist für den Sänger selbst weder zwecklos noch unnütz: Dadurch wird die Stimme befreit, die Gesamtlogik wiederhergestellt: Schlimme Harmonien – schrille Harmonien, Atmung-Stimmbildung, Körperstatik.

Eine solche Erfahrung ist nur für Menschen vollkommen verständlich, die sie selbst erlebt haben. Sie verwirrt bisweilen die anderen, erzielt aber Ergebnisse, sowohl bei der Stimmqualität als auch beim Stimmvolumen.

Solche Fortschritte erfahren die Schüler in Privatstunden wie auch im allgemeinen Unterricht. Ich bin einerseits freiberuflich und andererseits im öffentlichen Dienst tätig. In meinen Privatstunden schlage ich eine Methode vor, welche die Schülerinnen und Schüler von sich aus wählen und für die sie bezahlen. Da sie in großer Zahl und zum Teil aus weiter Entfernung zu mir kommen, Männer und Frauen aus allen Berufen, nehme ich an, daß sie auf ihre Rechnung kommen: In diesem Bereich gelten allein die Gesetze von Angebot und Nachfrage.

An einer öffentliche Schule stößt jedoch diese Methode auf Widerstand: Die Stimmen, die durch solche Arbeit hervorgebracht und entwickelt werden, stören die empfindlichen Ästheten. Die Bürokraten der Pädagogik bringen lieber Hübsches hervor, als daß sie in der Tiefe suchen. Und wenn ich Tiefe sage, so meine ich damit die Grundlagen: In jeder Stimme gibt es einen genetischen, affektiven, spirituellen Aspekt.

Sexualität und Affektivität machen sich in Bereichen breit, wo viele Leute Unwohlsein verspüren, weil sie mit bestimmten Problemen nicht fertig geworden sind. Sie reagieren dann durch Ablehnung, sie flüchten sich in das Dekorative und das Überhöhende. Bekannt ist, daß in der Politik die Flucht nach vorn eifrig gepflegt wird; unsere kauzigen Schüler versuchen die Flucht nach oben. Doch das menschliche Werkzeug gibt eben auch Schwingungen von sich, die nicht rein intellektuell und geistig sind: Der ganze Reichtum der Kommunikation durch Schwingungen wird durch Faktoren bestimmt, die von der Sexualität über das Affektive bis zum Spirituellen reichen. Für die Legionen derer, die nicht auf deren Integration hinarbeiten, tönt die Stimme, die ich hervorbringe, schamlos, weil sie dadurch vor den Spiegel gestellt werden, unseren einzigen Richter im Diesseits. Besser sei es folglich, so denken sie, nicht von gewissen vielbegangenen Wegen abzuweichen …

Ich habe jedoch die vorgezeichneten Wege verlassen. In den verkalkten Strukturen des belgischen Schulwesens vermochte ich nicht mehr zu «funktionieren». Belgien erstickt die kreative Ausbildung durch administrative Einengungen und nörglerische Schikanen. Ich habe ein System kennengelernt, das die Lektionen von der Zahl der Einschreibungen abhängig macht, wodurch der Lehrer zu einem Krämer wird: Manche Kollegen, die Unterricht in wenig gefragten Instrumenten wie Waldhorn oder Oboe erteilten, waren dazu gezwungen, jeweils am Anfang eines Schuljahres von Schüler zu Schüler zu gehen, um die erforderliche Anzahl Teilnehmer zu erreichen. Falls es ihnen nicht gelang, kam kein Kurs zustande. Geht man von einer halben Stunde pro Schüler aus, mußten vierzig Kandidaten zusammengebracht werden, um auf ein volles Pensum zu kommen! Angesichts dieser unerquicklichen Situation, die weder menschlich noch künstlerisch, weder einfühlsam noch wirkungsvoll ist, entschied ich mich für Frankreich und wechselte die Staatsbürgerschaft. Am Ort, wo ich derzeit lehre, haben die Direktion und die Aufsichtsbehörde des Konservatoriums Verständnis für meine Methode, und sie unterstützen meine Bemühungen.

Ich habe mich also, um meinen Beruf als Gesanglehrer unter erträglichen Bedingungen weiter ausüben zu können, für einen Luftwechsel und einen neuen Paß entschieden, eine bloße Formalität in einer Zeit, während die Europäische Union aufgebaut wird. Dennoch gehe ich dort, wo es Institutionen gibt, weiterhin ein Risiko ein, mit dem ich kritisch umzugehen versuche und mit dem ich derzeit leben kann.

Im Laufe der Zeit habe ich die Richtigkeit meiner Methode bestätigen können. Ich habe sie auf stimmliche Mängel von Leuten angewandt, deren Beruf verlangt, sich mit der Stimme durchsetzen zu können: Lehrer, Schauspieler und vor allem Rechtsanwälte. Versuche zur Verbesserung des sprachlichen Ausdrucks in Lille III und Mons mit ausländischen Studenten aus mehr als fünfzig verschiedenen Nationen sowie medizinische und paramedizinische Weiterentwicklungen an meiner Methode haben bestätigt, daß sie auf soliden Prinzipien beruht, sie zeigen aber auch, daß die Vorgehensweisen fortwährend verfeinert werden müssen.

Parallel zu meiner Tätigkeit als Lehrer habe ich mich aber auch für mich selbst bemüht, meine ureigene Stimme zu finden.

Wie bereits gesagt, habe ich dem Theater zutiefst unzufrieden den Rücken gekehrt, mit dem Gefühl, während dieser ganzen Zeit mit der Stimme eines anderen oder zumindest nur mit einem kleinen Teil meiner eigenen Stimme gesungen zu haben. Meine pädagogischen Absichten konnten nur voll gelingen, wenn ich meine stimmliche Frustration zu überwinden vermochte. Um die allein an mir selbst geleistete Arbeit zu objektivieren und die Ausreifung meiner eigenen Stimme zu beschleunigen, erschien es mir notwendig, einem italienischen Maestro vorzusingen. Der «Zufall» meinte es einmal mehr gut mit mir. Als ich mit Freunden aus Gent über meine Absichten sprach, machten sie mich darauf aufmerksam, daß ihre Tochter mit Maestro Abrami arbeite, der sich gerade jetzt bei ihnen aufhalte ... Ich hatte meinen Lehrmeister gefunden!

Bei meinem ersten Vorsingen legte er sogleich seine Hand auf meine Brust, wozu er in seinem Kauderwelsch sagte: «Du, erster Tenor, das mich sehr wundert!» Meine intuitive Selbsterkenntnis hatte mich also nicht getäuscht. Während der anschließenden gemeinsamen Arbeit entwickelte Maestro Abrami innerhalb einiger Monate meine Stimme so, daß meine Erwartungen beinahe erfüllt waren, vibrierender und voller als früher. Meine Stimme entsprach endlich meiner physischen Konstitution, denn die Natur macht nichts nur halb: Sie bringt in solide gebaute Körper nicht leise Stimmen ein. Das Singen mit Abrami, das mich zunächst vor große Schwierigkeiten stellte, weckte in mir Empfindungen physiologischen und psychologischen Wohlbefindens, wie ich sie früher nie gekannt hatte und wie ich sie seither oft bei meinen Schülern feststelle. Mein Meister hatte mir aufgetragen, die tiefen Harmonien zu vervollkommnen, die im Unterricht im allgemeinen vernachlässigt werden, weil sie im Organismus auf höchst anstößige Weise die Sexualität ansprechen, was die abendländische christliche Kultur nicht schätzt. Das ist etwa so, als ob man beschließen würde, das erste Drittel der Klaviatur eines Flügels sei tabu. Dank dieser Offenbarung meines Maestro vermochte ich mein ganzes Sein in den Griff zu bekommen, meine Stimme wurde voller, und ich konnte mir endlich das Repertoire aneignen, von dem ich als Siebzehnjähriger geträumt hatte.

Ich erkannte aber auch allmählich das veräußerlichte, erschöpfende und anarchische Wesen dieser Methode. Eine

Kompensation durch eine methodische Analyse der Atmung nach deutscher Art drängte sich auf. Die «schöne Stimme», die Maestro Abrami dank seiner fabelhaften Berufserfahrung in mir hervorgebracht hatte, war das Ergebnis eines äußerlichen Hörens. Er ahnte sehr wohl, was aus meiner Stimme werden könnte, er verstand es, sie von allen Schlacken zu reinigen, aber er löste in mir nicht die Bewußtwerdung dieser inneren Mechanik aus, die es mir ermöglicht hätte, aus eigener Kraft meine eigene Stimme zu suchen. Als mein Maestro krank wurde, befand ich mich nach sehr kurzer Zeit und ungewollt in einer schwierigen stimmlichen Situation. Der italienische Belcanto ist zwar großartig, aber er braucht viel Kraft und schwächt dadurch den Sänger. Ich war davon überzeugt, eine analytischere und besser aufgebaute Methode für die Umschulung meiner Atmung würde mir weitere Fortschritte bei der Wiedergeburt meiner Stimme und vor allem bei der dauerhaften Konsolidierung des bereits Erworbenen ermöglichen. Eine ausgewogene Synthese von mediterraner *furia* und germanischer Disziplin, denen zwei gegensätzliche Atmungsweisen entsprechen, schien mir notwendig zu sein. Die italienische Methode wird durch das natürlicherweise milde Klima erleichtert, die germanische leidet unter der Feuchtigkeit und Kühle, was einen größeren Energieaufwand erfordert und den Sänger zu einer außerordentlichen Konzentration der Kräfte zwingt. Ein deutscher Lehrer, mit dem ich während fünf oder sechs Sitzungen arbeitete, führte mich in diese mir fehlende Atmungsdisziplin ein.

Nun glaubte ich, so weit zu sein. Als ich mir einige Zeit später eine vor kurzem realisierte Aufnahme von *Fausts Verdammung* anhörte, mußte ich aber mit Entsetzen feststellen, daß sich die Qualität meiner Stimme abermals verändert hatte, ohne daß ich etwas davon gespürt hatte. Ich machte mich von neuem an die Arbeit, ganz allein. Ich zwang mich, meine Methode mit letzter Strenge zu befolgen, ohne mich durch irgendwelche psychologischen oder physiologischen Reaktionen verwirren zu lassen. Wie um meine Wünsche zu erfüllen oder mich auf die Probe zu stellen, fehlte es nicht an Fallstricken. Ein Beispiel: Als ich mich dazu bereit fühlte, erbat ich mir und erhielt ich auch eine Einladung, einem befreundeten Operndirektor vorsingen zu dürfen. Mein Wunsch war es, von Zeit zu Zeit an einer Aufführung mitzuwirken, um meinen Kursen neue Impulse zu verleihen. Dieser Vollblutmusiker hörte sich von mir Ausschnitte aus *Carmen* und *Andrea Chenier* an. Sein Urteil lautete positiv, er schlug mir spontan vor, mehrere seiner Kollegen auf mich aufmerksam zu machen. Doch als wir uns verabschiedeten, empfahl er mir dennoch, mich eher an das barocke und zeitgenössische Repertoire zu halten, damit man nicht Vergleiche zwischen den großen Stars des Opern-Showbusineß und mir anstellen würde. Ich war also noch nicht so weit … Ich nahm nie solche Kontakte zu den Theaterdirektoren auf, bei denen ich empfohlen worden war!

Ich machte mich noch einmal mit erneuerter Kraft an die Arbeit, wobei ich die Methode, die ich schon bei anderen verwendet hatte, bei mir selbst anwandte. Nach einiger Zeit erreichte ich im Alter von achtundvierzig Jahren durch inneres Suchen ein interessantes Ergebnis, eine Art «Point of no Return», der sich physisch in einer Erneuerung der Wirbelsäule, einer Entfaltung der Atmung und einer Umformung meiner körperlichen Hülle manifestierte. Damals erlangte ich die Gewißheit, daß die Stimme durch niemand anderen als den Sänger selbst eingeübt oder hervorgebracht werden kann. Seither schlage ich deshalb meinen Schülern vor, sich auf die Suche nach dem eigenen Selbst aufzumachen und persönlich die volle Verantwortung für ihre Stimme und ihr inneres Leben zu übernehmen. Eine reizvolle Aufgabe, für sie wie für mich, die aber nie abgeschlossen ist.

KAPITEL 2

Die Altersstufen der Stimme

Die kindliche Stimme

«Und was tun Sie für den Körper?» fragte mich eines Tages mein Arzt.

«Fast nichts: ein wenig Bewegung. Oft sage ich mir, ich sollte das Schwimmbad aufsuchen, doch das langweilt mich, und die Kälte setzt mir zu. Eigentlich versuche ich die Probleme mit dem Kopf zu lösen (Sie wissen, daß ich mich einer Analyse unterziehe), und der Körper muß ihm gehorchen.»

«Und der Gesang … Haben Sie sich nie mit Singen versucht?»

«Versucht nicht, aber oft daran gedacht. Doch die Kirchenchöre, jeweils am Abend … Ich habe es nie geschafft. Als ich jedoch noch ein Kind war, sagte man mir, ich hätte eine gute Stimme, und es sei eine Schande, mit einer solchen Stimme während den Singstunden Unfug zu treiben.»

«Ich gebe Ihnen eine gute Adresse an. Ich habe es selbst erlebt, wie sich zwei meiner Patienten innerhalb weniger Monate erstaunlich verändert hatten und wollte mehr darüber erfahren. Beide haben mir gesagt, sie würden ein- bis zweimal im Monat bei einem Professor singen, der Einzelstunden gibt. Ich habe diesen Mann aufgesucht. Ich kann ihn nur empfehlen …

«Ich habe keine Sekunde lang gezögert. Kaum zuhause, vereinbarte ich telefonisch ein Treffen. Schon nach einer Sitzung, vielleicht waren es auch zwei, spürte ist, daß das, was ich dort tat, alles verändern, mir diesen letzten Schritt ermöglichen würde, der sich der Analyse widersetzt hatte, weil ich über diese Art Sturz in mich selbst nicht hinwegkam.

Ich wußte sogleich, daß es mir diese Arbeit ermöglichen würde, die Analyse, die ich vor mehr als sieben Jahren begonnen hatte, abzubrechen.

Es war genau so, als ob während der Sitzungen eine Beziehung zwischen dem unteren Teil meines Bauches und meinem Kopf entstünde, als würde das Kind, besser gesagt: der Säugling, der ganz zuinnerst in mir seit vielen Jahren zu Stein erstarrt war, endlich und kraftvoll sein Recht auf Leben, seine Lebensfreude, sein ganzes Vertrauen, seine ganze Neugierde auf die Welt finden würde, zu einem Kind würde, das sich selbst liebt und sich endlich erlauben könnte zu leben.

Von Sitzung zu Sitzung wurde mein Kind lebhafter. Ich habe meine Analyse aufgegeben. Mein Körper entspannte sich allmählich, er weitete sich aus, veräußerlichte sich, wurde ruhiger, begann noch zaghaft, sich sich selbst, dem Leben, dem Lachen und dem Vergnügen hinzugeben.

Eines Tages haben Sie von mir verlangt, daß ich in einer für mich äußerst mühsamen Stellung singe, auf einem niedrigen Stuhl sitzend, die Beine untergeschlagen, die Arme über der Brust gekreuzt, Rücken und Kopf so weit wie möglich nach hinten geneigt. Gewiß, Sie waren da, um mich gegebenenfalls zu stützen. Es bestand keine Gefahr. Doch mein Körper wußte, daß es früher gefährlich gewesen wäre, daß er sich unmöglich auf seine Arme hätte verlassen können, denn er wußte, daß sie diesen Körper, diesen Säuglingskörper, nicht wirklich liebten und ihn folglich nicht aufnehmen und ihm nicht gestatten konnten, sich ihnen vertrauensvoll zu überlassen.

Der Leib dieses Säuglings war nie zärtlich aufgenommen oder getragen worden. Er hatte sich deshalb abgekapselt, verhärtet, als ob er sich ganz allein tragen müßte, weil er sich nicht dem Körper des anderen anvertrauen konnte. Doch dann, als ich mich einem anderen anvertrauen und ihm überdies meine Stimme geben mußte, schien es mir, als würden gleichzeitig meine ganze Angst, alle meine Verweigerung, all mein Abscheu aus mir herausgehen als ein gewaltiges Röcheln, ein tiefer Seufzer, der vom Ende meines Selbst, aus der Tiefe der Zeitalter, vom Ursprung der Zeit, meiner Zeit, aufstiege. Etwas war ins Wanken geraten, meine Stimme war nicht mehr dieselbe: ein neuer Friede war über mich gekommen.»

Der Bericht dieser Frau mit einer harten Stimme, Mutter einer großen Familie, kleinwüchsig, beschreibt mit großartiger Genauigkeit den Werdegang einer Person, die einen Mangel an Kraft durch eine völlig unnatürliche Autorität kompensieren mußte. Ihr eben zitierter Brief schildert in allen Einzelheiten, wie die Arbeit an der Stimme angepackt wurde, und zeugt von einem feinen Verständnis für den Befreiungsprozeß, so wie sie ihn erlebt hatte: Befreiung des Körpers und insbesondere von dieser Spannung, die sich oben im Körperschema gebildet hatte.

Der Text zeigt auch, daß eine Analyse von einem bestimmten Stadium an nichts anderes mehr bewirken kann als eine größere Bereitschaft, dieses Emanzipationsbemühen durch eine Rückkehr zu den Quellen des Schreis, der Gewalt, am Ende zur ursprünglichen Erschütterung, die eines Tages den Körper zur Erstarrung gebracht hatte, zu vertiefen und zu konkretisieren.

Wir alle gleichen, wenn auch in unterschiedlichem Grade, dieser Frau: Wir tragen in uns noch dieses kleine Kind, das nichts anderes verlangte als in voller Freiheit zu wachsen, schöner zu werden, das aber dem Körper des anderen ausgeliefert war, im «Banne» von dessen Atem und Stimme stand. Wie in einem Märchen schläft die Prinzessin unter der Wirkung dunkler Zauberkünste ein, und sie schläft und schläft, solange die Verzauberung nicht gebrochen wird.

Verzaubert? Wissen wir denn überhaupt, was *in* uns *singt*[2], sobald wir hören können? Es sieht so aus, als würde das Kind während seines Lebens in der Gebärmutter eine Art Scheinatmung entwickeln; sobald es geboren ist, ahmt sein Atmungsrhythmus den seiner Mutter mehr oder weniger nach, und dieses *Atmungsgedächtnis* scheint es noch stärker als die mütterliche Stimme zu prägen. Von dieser hat der Foetus nicht viel gehört; er schwimmt in einem wäßrigen Milieu, welches den Ton der Stimme stärker filtriert als beispielsweise die Geräusche in den Eingeweiden, den Puls in der Hauptschlagader oder die rhythmischen Kontraktionen des Herzens. In seiner ersten lautlichen Umwelt wimmelt es von Geräuschen der Organe, welche zur funktionellen Topographie des mütterlichen Körpers gehören.

Das Kind wird bei seiner Geburt ohne Übergang in eine regungslose, riesige und stille Welt ausgestoßen, aus der alle früheren Bezugspunkte verschwunden sind und in der das Gellen seiner ersten Schreie das einzig Lebendige ist. Die Geburt ist die allerursprünglichste Prüfung, das Ritual des Übergangs in das Leben schlechthin. Sobald die «enge Pforte» durchschritten ist und bevor die nährende Verbindung, die es noch mit dem verlorenen Paradies vereint, durchschnitten wird, *reinigt sich* das Neugeborene *mit Hilfe der Luft* durch ein brutales Erlernen des selbständigen Atmens. Überwunden wird diese *Apnoe*, dieses Noch-nicht-Atmen, im und durch das Ausstoßen des ersten Schreis, in dem bereits der ganze phonetische Reichtum enthalten ist, der sich in der Folge entwickeln wird. Durch die Kraft dieses Schreis, dieser allerersten Gewalttätigkeit, öffnet sich der Mensch dieser Welt.

Diese Wahrheit zeigt das Kind ungehemmt in einer ersten Entwicklungsphase. Diese Kugel von Atem und Tönen gibt jetzt ein rohes Tonvolumen von sich, das noch in keiner Weise etwas mit der gedämpften Stimme zu tun hat, die später einmal die «seine» sein wird. Ein derartiges Mißverhältnis verdient geprüft und überdacht zu werden.

Im Alter von etwa acht oder neun Monaten erlebt das Kleinkind allmählich seine ersten Angstkrisen, vor allem in der Nacht; meiner Meinung nach hängen sie mit dem Erwachen der Empfindsamkeit zusammen. Während solcher Angstzustände steigt die Atem-Ton-Energiekugel, die normalerweise im Bauch des Kindes lokalisiert ist, nach oben auf die Höhe des Halses. Das Kleinkind wird im wörtlichen Sinne *umgekugelt*. Wenn die Mutter oder der Vater zu ihm kommen, es auf die Arme nehmen, etwas zu singen beginnen und das Kind, ruhig und tief atmend, hin und her wiegen, so spüren sie, wie sich diese «Kugel» längs der Wirbelsäule nach unten in den Bauch zurückbewegt. Das Kind beruhigt sich und schläft wieder ein. Diese Erfahrung, die alle aufmerksamen Eltern erleben können, ist von grundlegender Bedeutung. Sie zeigt, daß die Tiefenatmung des Kindes schon früh gestört ist und in den langen Tagen und Nächten immer mehr gestört wird.

Bei verfeinerter Beobachtung läßt sich auch feststellen, daß die Atem-Ton-Energiekugel beim Aufsteigen längs des Rückgrats in Energie-Atem und Energie-Ton gespalten wird und daß letzterer immer stärker mental wird. Es kommt oft vor, daß der Energie-Ton auf der Höhe Schultern-Hals-Kiefer-Wirbelsäule blockiert wird und hier dauerhaft hängen bleibt, wodurch auf dieser Höhe ein ganzes System von Muskelspannungen aufgebaut wird, die dazu beitragen, die Körperhaltung zu formen, die Physiognomie zu gestalten und eine Verhaltenstypologie festzulegen.

Wäre das Kind, falls die Energie-Atem-Beziehung gleich wie der Ton auf dieser physiologischen Stufe stehen bliebe, nicht der Gefahr eines Atemstillstands (der «sudden death», der «plötzliche Tod» der Kleinkinder) durch Blockierung der Atmung ausgesetzt, einem geradezu paradoxen Ersticken, da doch sein kleiner Körper ganz mit Luft gefüllt ist? Das Kind würde durch einen pneumophonischen Regressionsprozeß in den Zustand des Nichtatmens in der Gebärmutter zurückversetzt, in diese paradiesische Abhängigkeit, in der seine Mutter für es atmete. Das ist meine auf vielen Erfahrungen fußende Hypothese.

In Klammern sei darauf verwiesen, daß jede Arbeit an der Atmung und an den Tönen vom gleichen Prinzip einer sparsamen Atmung ausgeht, wobei jedoch die Autonomie der vitalen Funktionen und nicht die Gefahr einer Erkrankung im Vordergrund stehen. Atem und Ton sind zwei verschiedene Energien, welche allmählich die Kraft in Druck umwandeln, bis der Schüler das Zentrum seiner selbst erreicht. Dann beginnt sich die Spirale wie bei der Einrollung eines Schneckenhäuschens zu entwickeln, wobei sie immer stärker aufleuchtet.

Die Kommunikation, die der Sänger mit seinem Hara[5] aufnimmt, wird auf dieselbe Weise wahrgenommen, wie die Spitze des i geschärft ist: Es wird immer weniger Kraft benötigt, weil die Kraft sich immer mehr in Energie umwandelt; diese Energie ist Ton und zweifellos auch das k'i des Zen-Bogenschießens. Als Beispiel sei daran erinnert, daß zu Beginn unseres Jahrhunderts gewisse Gesangschulen folgendes als Kriterium einer guten und richtig artikulierten Stimme betrachteten: Der Sänger muß imstande sein, vor einer Kerzenflamme zu singen, ohne daß diese zu flackern beginnt, also mit sehr wenig Kraft, aber unter Verwendung eines Drucks, der einen Piano- oder Forteton ergibt. Dieser vom Atem beherrschte und geleitete Prozeß setzte eine autonome Energie-Ton-Beziehung frei.

Wenn gut beherrschter Atem und Ton unten im Körper, also im Hara, richtig miteinander gekoppelt sind, wird es möglich, den Ton vom Mentalen zu befreien und ihn aus dem oberen Teil des Körperschemas zu lösen, wodurch der Kehlkopf nur einem geringen Druck anstatt einem orkanartigen Wind ausgesetzt wird. Der Ton wird dann durch bloßen Druck ausgestoßen, und der Sänger findet zu einem Zustand zurück, als ob er die Atemlosigkeit nie aufgegeben hätte, so daß gewissermaßen *jemand anderer* in ihm atmet und schwingt.

Am Ende dieses Bemühens gelangt so der Schüler zu einer Art überwundener, beherrschter Atemlosigkeit, ein Ergebnis, das jedoch nicht von selbst erreicht wird: Während der Arbeit an sich selbst empfindet jeder Sänger, obwohl alle mit Energie-Atem und Energie-Ton gesättigt sind, oft ein unwiderstehliches Bedürfnis, noch und noch zu atmen, um nicht zu ersticken. Im gleichen Maße, wie der Atem sich ausweitet und beruhigt, wird die Kraft zu Druck; der Sänger lernt, sich noch weiter zu entwickeln, noch tiefer Luft zu schöpfen, sie länger in sich zu halten.

Im Leben des Kindes kommt ein weiterer wichtiger Augenblick, nämlich wenn es sich aufrichtet, um gehen zu lernen und dadurch wirklich ein kleiner Mensch zu werden. Aus der Mehrdeutigkeit des Verbes «aufrichten» («dressieren»)[4] erwächst eine Sinnverbindung zwischen «gerade stehen», «ausebnen» und «ausbilden»: Man richtet beispielsweise einen Mast auf, um ihn im Boden zu verankern; ein Brett oder einen Stein aufrichten bedeutet, es oder ihn zu behauen; ein Dompteur schließlich dressiert ein wildes Tier, so wie ein Erzieher, der sich mit einem widerspenstigen Kind befaßt, drohend zu ihm sagt, «er werde es dressieren». Das Kind, das sich aufrichtet, bringt durch seine Haltung zum Ausdruck, daß es endgültig seinen animalischen Status hinter sich zurückläßt und ein «wohlerzogenes» und gelehriges Wesen werden will.

Da steht es nun, noch schwankend, ungeschickt, es hält Ausschau nach festen Dingen, an denen es sich halten kann: Mauern, mehr oder weniger stabilen Möbeln, mehr oder weniger warmen Heizkörpern, mehr oder weniger geschlossenen Türen, seine Ängstlichkeit nimmt im gleichen Maße zu, wie sein Blick sich hebt und sein Zugriff auf die Gegenstände sich verfeinert. Die aufrechte Haltung bringt es dazu, diese Atem-Ton-«Kugel» immer höher aufsteigen zu lassen und sie im oberen Teil des Körpers zu behalten – ein Phänomen, das im Weinen und in den Schreien, die Entdeckungen, Fehlleistungen, Verbote anzeigen, besonders gut sichtbar wird.

Wie hält man sich aufrecht? Im unteren Teil der Wirbelsäule sorgen einige Wirbel – insbesondere L3, der dritte Lumbalwirbel – bei einem Menschen mit richtiger Haltung für einen guten Übergang zwischen der Wirbelsäule und den Beinen. Doch viele von uns gehen noch wie Kleinkinder: Sie bewegen das Gesäß nach hinten; beim Atemholen, um eine Anstrengung zu erbringen, wird diese Bewegung noch verstärkt. Solche Menschen haben ihre aufrechte Haltung nicht oder beim Übergang aus der Adoleszenz in das Erwachsenenstadium nur unvollkommen abgeschlossen; ihr Körper schwingt auf den Beinen nicht so, wie und wo er es tun müßte; sie befinden sich somit in einem nicht nur physiologischen Ungleichgewicht; dieses wirkt sich auch destabilisierend auf ganze Teile ihrer Persönlichkeit aus. Sie müssen durch Singen eine wirkliche aufrechte Haltung aufbauen, weil sie über ein zu hoch im menschlichen Körperschema liegendes Schwerezentrum in ihnen sich selbst in ein Ungleichgewicht bringen.

Man muß es immer wieder betonen, denn es handelt sich um ein Ergebnis vieler und oft wiederholter Erfahrungen: Stimmerziehung, Atmung und aufrechte Haltung hängen eng miteinander zusammen. Eine falsche Interaktion zwischen diesen drei Aspekten hat beim Kind eine Pseudo-Vertikalität zur Folge; es versucht, sich durch (falsche) Gewohnheit aufrecht zu halten. Beim Arbeiten an der Stimme wird diese falsche Aufrechtstellung durch die Ton- und Atemenergien in

Frage gestellt: Schwerezentrum und Gleichgewichtssinn werden momentan gestört – eine vorübergehend unverzichtbare Phase, um die Verankerung im Boden herzustellen und, nach langen Monaten zähen Lernens, eine gesunde aufrechte Haltung aufzubauen. Es geht nicht darum, dem so behandelten Menschen irgendein neues Schwerezentrum aufzuzwingen; er soll vielmehr durch schrittweises Vorgehen sein eigenes Zentrum entdecken, eine Art Kern, eine Mitte, die in der japanischen Tradition *Hara* genannt wird. Durch langsame Abnützung eines unrichtigen Muskelgedächtnisses lösen sich frühere Koordinaten auf, worauf eine neue Logik der Körperstatik aufgezeichnet werden kann, nämlich diejenige, die dem eigenen Wesen entspricht. Am Ende eines «langatmigen» Bemühens steht dann der erwachsene Mensch aufrecht da *wie ein Kleinkind, das richtig herangewachsen ist.*

Wenn das Kind gehen lernt, lernt es auch sprechen. Seine stimmliche Virtuosität grenzt in dieser ersten Zeit ans Wunderbare. Unabhängig von Rasse und körperlicher Beschaffenheit zeichnet es sich auf der Stufe der Tiefenatmung durch eine phonemische Verfügbarkeit aus, die auf das Erlernen jeder beliebigen Erstsprache vorbereitet ist. Aufgrund der sogenannten Muttersprache, in deren Tönevielfalt es seit frühester Jugend eingetaucht ist, wird es durch sein Ohr zu einem genauen verbalen Ausdruck und zu den für die Muttersprache typischen besonderen Frequenzen hingeleitet, die von einer Sprache zur anderen verschieden sind.

Parallel zur Sprache entwickeln sich Ängste, die das Sprechsystem blockieren. Mehr noch, vor allem falls bei der Erwerbung der Sprache Schwierigkeiten auftreten, können Störungen des pneumophonischen Systems bis an das Ende der Adoleszenz verstärkt werden. Stotterer, Stammler und andere Sprachgestörte versuchen sich so auszudrücken, wie es ihnen infolge der abgehackten Schwingungen beim Ausatmen und der abweichenden Motorik ihrer Kiefer möglich ist. Wir wollen nicht auf solche pathologischen Fälle eingehen, sondern nur auf eine allgemeine Regel hinweisen, wonach der junge Erwachsene auch unter Benutzung derselben verarmten Atmungs- und Stimmreflexe zu singen beginnt, die für die Sprache kennzeichnend sind.

Eine gesprochene oder gesungene lautliche Leistung muß, um ihre Unversehrtheit wiederzufinden, aus einer Neutralisierung des Mentalen hervorgehen. Der Tonfall der gesprochenen Stimme wird fortwährend durch mentale Ängstlichkeit verfälscht und nach oben verschoben. Ein (verhältnismäßig utopischer) Idealzustand würde darin bestehen: Sprechen und singen unter völliger Beherrschung von Energie-Atem und Energie-Ton vom unteren Teil des Körpers aus, wobei der Intellekt neutralisiert wäre. Darin besteht das ganze Bestreben des Zen. Beim Bemühen um Selbstbeherrschung und Selbstberuhigung wäre es ein grundlegender Fehler, würde man die Rolle des Tons als Ursprung und Träger aller Spannungen vernachlässigen.

Ein Erwachsener, der seine volle orale Funktion wiederherstellen möchte, müßte unbehindert die phonemische Reserve ausschöpfen können, über die er als Kind verfügte. Die Arbeit an der Stimme besteht eben gerade darin, daß man in ihm diese Regression zu einem vorsprachlichen Zustand rein vibratorischer Kommunikation auslöst. Solange sich das Kind noch in einem guten Atmungs- und Lautäußerungszustand befindet, läßt es seinen ganzen Körper mitschwingen, wenn es Laute von sich gibt. Unter dem Zwang der Spannungen, die sich im Laufe der Zeit anhäufen, hört sein Körper auf mitzuschwingen. Jede echte Kommunikation ist jedoch mit Schwingungen verbunden. In seinen mitmenschlichen Beziehungen handelt ein Mensch abwechslungsweise als Sender und als Empfänger, doch sein Sender ist teilweise außer Betrieb. Deshalb ist es notwendig, daß dieses Instrument wieder funktionstüchtig gemacht wird, daß der Tonleib neu entwickelt wird, damit jenseits der intellektuellen Wortsprache die Kommunikation wiederhergestellt wird. Dann klingt das Wort mit der Schwingung mit, das Wort wird Fleisch, der Mensch faßt wieder Fuß in der mythischen Epoche vor dem Turmbau zu Babel …

Das Erlernen einer Muttersprache mit der mentalen Verkrampfung auf diese Sprache ist ein Teil der großen «Verschwörung des Wissens», von der in diesem Buch immer wieder die Rede sein wird. Es handelt sich um ein unvermeidliches «Komplott», in dem sich das kulturelle Erbe der Menschheit zusammenfassen läßt und welches es dem aufrecht gehenden und seine Hände gebrauchenden Tier emöglicht hat, einen Code phonetischer Botschaften zwischen Angehörigen ein und derselben Horde zu vervollkommnen. Mit der Komplexifizierung der Sinne und des Intellekts, die dieser Entwicklung zugrunde liegt, gerinnt der modulierte Schrei zu Wörtern, der Gesang entartet zu Sprechen, das phonetische Symbol verdirbt zu idiomatischer Konvention. Die Schrift trägt noch zur Erstarrung des Ausdrucks bei und verschärft das Gefälle vom Ideogramm, das der Spontaneität der Zeichnung noch nahesteht und die Kräfte der Natur nachahmt, zum alphabetischen Phonogramm, das sich damit begnügt, die Wörter zu zergliedern[5].

Das Kind, das schreiben lernt, versucht die Rudimente des Wissens zu verinnerlichen, indem es die Normen eines rein zerebralen Kommunikationssystems allmählich auf der höchsten Stufe intellektueller Spitzfindigkeit fixiert. Der junge Erwachsene, der, seinen Fähigkeiten entsprechend, die notwendigen Elemente dieser geschriebenen und mündlichen Kultur in sich aufgenommen hat und mit Recht stolz auf seine Sprache ist, muß, ohne seine Bücher zu verbrennen, dieses Erbe übersteigen, wenn er verhindern will, daß in ihm das Schwingungswesen sozusagen ausschließlich durch Wortklauberei verschüttet wird.

Kehren wir zum Kleinkind zurück, das ganz allein gehen kann und spricht. Jetzt hat es Fieber, seine Zähne schmerzen, hinzu kommen alle diese «kleinen» Krankheiten wie Schnupfen, Angina, Röteln, Mumps, Keuchhusten ... Es hustet, ihm ist heiß und kalt, das Atmen macht ihm Mühe. Alle diese Beschwerden behindern das freie Atmen. Nach Überwindung aller dieser schmerzlichen Perioden findet der kleine Mensch vermutlich nicht mehr zur Fülle seiner Atmungslogik zurück.

Parallel dazu tendiert das immer deutlicher sich ausprägende geistige Leben dazu, die Energie nach oben zu ziehen, wodurch erklärt wird, daß sich Energie-Ton und in den schwierigeren Fällen sogar Energie-Atem endgültig auf dieser Ebene fixieren. Eine solche Verbindung der beiden Energien auf dieser Ebene könnte vielleicht den Tod des Neugeborenen durch Ersticken herbeiführen, worauf wir bereits hingewiesen haben. Bei größeren Kindern kommt es bisweilen zu asthmatischen Krisen. Gewisse Asthmatiker haben den affektiven Bereich ihres Körpers auf der Ebene der Atmung völlig blockiert: Sobald man diese Affektivität freilegt, kommt es zur Krise. Es sieht so aus, als ob sie sich in der affektiven Einengung, die für sie typisch ist, nicht mehr erlauben könnten, richtig zu atmen. Für sie besteht richtiges Atmen darin, daß sie in einer Asthmakrise Zuflucht suchen. Ich habe während meiner Arbeit mit solchen Menschen oft beobachtet, daß in einer ersten Phase solche Krisen weniger häufig auftreten; dann brechen sie wieder durch, eine eigentliche Ehrensache für den Organismus, der an seinen früheren Funktionsweisen festhält, bevor er sie endgültig überwindet. Doch die Arbeit muß wohlverstanden weitergehen, sowohl bei der Atmung als auch bei der Stimme.

Will man die affektive Seite dieser Entwicklung richtig

verstehen, ist es sinnvoll, von der östlichen Theorie der *Chakren* auszugehen, wirklichen Energiezentren, die den Körper von unten bis oben durchziehen.

Besonders wichtig sind insgesamt sieben, und zwar:

- das erste, unten im Körper, und das zweite, das genitale Chakra, sind die Brennpunkte der Sexual- oder Vitalkraft;
- das dritte, vierte und fünfte Chakra, die sich jeweils in der Nabel-, Herz- und Kehlenregion befinden, sind Sitz des affektiven Lebens; sie grenzen den «körperlichen Teil» ab, von dem im oberen Abschnitt die Rede war;
- das sechste Chakra (zwischen den Augenbrauen) und das siebente (über der Schädeldecke) sind kennzeichnend für den geistigen Bereich des Körpers.

Die gesprochene Stimme mitsamt dem Phonationssystem, das sie hervorbringt, ist direkt mit dem «affektiven Abschnitt» 3–4–5 des Menschen verbunden, welcher den ganzen Brustkorb, die Schultern, den Unterkiefer und natürlich auch die Wirbelsäule umfaßt. Schrei und Atmung gehören freilich dem animalischen Teil (Abschnitt 1–2) an; daraus läßt sich schließen, daß der ursprünglich körperliche Ton, der unter dem Einfluß der Affekte durch das Wort gestreckt und nach oben gezogen wurde, allmählich eine rein geistige Äußerung hervorgebracht hat. So wie die Empfindsamkeit des Kindes langsam die Quelle seines Atems versiegen läßt, ist auch die pneumophonische Funktion des Sängerkandidaten verkümmert.

Die Singstimme in ihrer ganzen Weite und mit ihrem echten harmonischen Reichtum kann die linke und die rechte Hemisphäre des Gehirns miteinander verbinden, um animalisches Potential, mentales Leben und geistiges Streben miteinander wieder in Einklang zu bringen. Ich vergleiche diese Wiederherstellung des Gleichgewichts oft mit dem automatischen Geschwindigkeitsmesser eines Autos. Die Geschwindigkeit, in unserem «Lautmesser» das Wort, muß die ihm zukommende Stellung zurückgewinnen, solange diese noch vorhanden ist. Das bedeutet: Das gesprochene Wort entledigt sich seiner Affektivität, seiner Emotionen; es wird an dem ihm zukommenden «Platz» reintegriert, seiner eigentlichen Wahrheit, nämlich dem Schwingen des ganzen Körpers; es ist bestrebt, sich vom Mentalen zu emanzipieren. Gleichzeitig nimmt die gesprochene Stimme, die, wie wir bereits wissen, für die Entwicklung der aufrechten Haltung bestimmend ist, auch auf der physiologischen Ebene ihre Stellung wieder ein, was zu oft spektakulären körperlichen Veränderungen führt. Der Geschwindigkeitsmesser der Stimmkurve wird durch Einübung der Atmung und der Töne in den Positionen 4 oder 5 automatisiert, und die gesprochene Stimme gewinnt ihre natürliche Funktion und den ihr zukommenden Platz zwischen tiefen und hohen Harmonien zurück.

Sobald diese stimmliche Wiederherstellung einigermaßen abgeschlossen ist, kann der Sänger beginnen, mit Infra- und Ultratönen zu experimentieren, die den Weg zu spirituellen Bemühungen öffnen.

In diesem Bereich muß man sich vor Zauberlehrlingen hüten, die bloß spielerisch und ohne jedes gründliche Wissen auf die Stimme einwirken. Solches ist nur Personen möglich, die in die Geheimnisse des Atmens und der Töne eingeweiht sind.

Alles geschieht somit so, als würde das Kind von Geburt an über ein angeborenes und instinktives Wissen verfügen, das schrittweise durch die Entwicklung des affektiven und intellektuellen Lebens gestört wird. Zweifellos deshalb fordert die traditionelle Weisheit − ob der biblischen Tradition oder der Geheimbünde − von ihren Adepten, daß sie wieder wie kleine

Kinder werden. Bei solchem animalischem Erkennen und dieser Befähigung zu einer vollständigen Entfaltung der Sinne muß von neuem angesetzt werden. Der Leser dürfte bemerkt haben, daß wir von Erkennen und nicht von Wissen sprechen; von «animalischem» Erkennen, einer Bezeichnung, die über ihre lateinische Herkunft auf die Seele verweist: Das Tier ist das beseelte Sein; der gewöhnliche Mensch trennt sich vom Prinzip der Beseelung; nur ein Mensch, der sich dessen bewußt wird und die Beseelung in sich, also vorerst in seinem Körper, verwirklicht, verdient wirklich die Bezeichnung «vollendetes menschliches Wesen».

Wie wir aber bereits wissen, findet während des Wachstums des Kindes eine Intellektualisierung der Sinne statt, die sie eine gewisse Zeit lang, für lange oder für immer leitet, wachsen läßt und «steril» macht. Die intellektuelle Entwicklung des menschlichen Lebewesens von früher Jugend an spielt deshalb eine paradoxe und notwendige Rolle: Einerseits erstickt sie das animalische Potential im jungen Menschen; andererseits ist, aus dem Blickwinkel einer wiederaufbauenden Initiation gesehen, der Mensch das einzige Lebewesen, das durch «intellektuelle» Reflexion zur Einsicht kommen kann, es könnte notwendig sein, sich vom «Intellekt» abzukoppeln, sobald dieser danach strebt, die absolute Herrschaft einer eigentlichen Diktatur an sich zu reißen. Jede gesunde Intelligenz relativiert sich selbst und unterzieht sich aus freien Stücken einer Art Askese, um die deformierenden Gläser zu zerbrechen, die sie sich selbst zugeschnitten hat, und die körperlichen Sinne neu zu entfalten, die sie unter den Scheffel gestellt hat. Sobald die Sinne wieder beherrscht werden, öffnet sich ein sechster Sinn: Die Intuition, eine höhere Form der Objektivität, die in jedem von uns sichtbar wird, sofern sie durch wirkliche Sinne genährt wird.

Die Intellektualisierung des Hörens, ein bloßer Sonderfall des eben dargelegten Verdeckungsprozesses, läßt sich klar an der Art erkennen, wie die Leute «richtig singen»; es gibt nämlich zwei Weisen des richtigen Singens. Die meisten Leute singen richtig durch Mentalisierung des Gehörs, also der Töne, die sie erzeugen: Sie singen fälschlicherweise richtig, das heißt richtig mit einem falschen Instrument.

Während der Arbeit an der Stimme, wenn ihr ganzes System der Intellektualisierung der Töne zusammenbricht, beginnen sie falsch, richtig falsch, zu singen. Dieses Phänomen zeigt sich am Konservatorium beim Prozeß der Umstellung der Tonhöhe. Bekanntlich besitzt nur der Sänger ein Instrument, das normalerweise spontan die Tonhöhe verändern kann: Er singt eine Melodie, der Pianist spielt dieselbe Melodie eine Terz höher oder tiefer, worauf der Sänger, falls er sich keine Fragen stellt, unweigerlich seine Tonhöhe wechselt. Nach längerem Solfège-Studium verschwindet diese Fähigkeit, was beweist, daß der Gehörsinn durch die Intellektualisierung gestört worden ist. Ein solches Hören ermöglicht es tatsächlich, Musik zu machen. Wirkliches Hören, Musik zu sein ...

Richtig hören, um richtig zu singen: Frühere Kulturen maßen dem richtigen Singen und Hören höchste Bedeutung zu. In Ägypten konnte nur Priester werden, wer, nachdem er «in die Kindheit der Kunst zurückgefallen» war, imstande war, im vollen Sinne des Wortes richtig zu singen. Solche Überlegungen möchte man heutigen Priestern empfehlen, die immer noch auf der Suche nach liturgischer Effizienz sind.

Soll der Zustand der Kindheit mit seiner pneumophonischen Fülle in uns wiedergefunden werden, sind Stimme und Atmung zu deblockieren, was oft nur mit Mühe zu erreichen ist. Ich frage mich oft, ob bei der Ausbildung der durch Angst hervorgerufenen Atmungs- und Energieunterdrückung das Stimmgebungssystem mit dem Kehlkopf nicht ein zu leicht zugängliches organisches Feld darstellt. Hunde besitzen einen Kehlkopf, und es gibt Hunde, die hysterisch bellen. Wie verhält es sich bei anderen höheren Säugetieren? Die Frage würde eine vertiefte Untersuchung verdienen. Immerhin schwächt dieses in einen als Würgehals (Chakra 5) bezeichneten Flaschenhals eingeschobene phonatorische System die gesamte körperliche Statik, indem es sich oft auf eher problematische Weise darin integriert.

Wie dem auch sei, feststeht, daß der Stimmapparat aufgrund schmerzlicher oder trauriger Ereignisse, die in die Kindheit zurückreichen, blockiert wird. Die durch die in diesem ganzen Buch behandelte Methode ausgelöste stimmliche Befreiung ist oft begleitet von Wein- oder Lachkrämpfen und sehr auffälliger kindlicher Mimik, in der Kummer, Glück oder Aggressivität zum Ausdruck kommen. Im allgemeinen läßt sich die Ursache der Verklemmung nicht herausfinden, doch die Stimme wird jedenfalls befreit, und das Körpergedächtnis entledigt sich seiner Spannungen durch unbezwingbare Zitteranfälle im belasteten Bereich.

Die unter Tränen ausgestoßenen Töne, in denen sich ein intensiver Schmerz äußert, können innerhalb weniger Sekunden in Glückstöne umschlagen: Der Tonfall bleibt sich gleich und ergibt eine prachtvolle Stimme, Hänschen, das weint und lacht. In diesem Augenblick befreit sich der Sänger von seinen Blockierungen, die ihm die Schultern, den Nacken und den Unterkiefer zusammenschnürten und die sich, als er ein Kind gewesen war, schmerzhaft in seinen Körper hatten einprägen müssen.

Sobald diese Verriegelungen aufbrechen, muß dieses Ereignis im Leben des betreffenden Menschen mit einem weißen Stein markiert werden: Er spürt, wie sich sein Wesen einer Last entledigt, die nicht genauer benannt oder beschrieben werden kann. Manche Schüler vermögen jedoch dem Wunsch nach Verbalisierung nicht zu widerstehen, vielleicht aus einem unbeschreiblichen Bedürfnis nach Rechtfertigung heraus. Eine Dame, die sich einer solchen «Reinigung» unterzogen hatte, erklärte mir beispielsweise, in ihrer Kindheit habe ein Freund der Familie sie zu vergewaltigen versucht. War das eine objektive Reaktion? Diese Art von Deutung ist an sich von geringem Interesse, denn der Ton ist immer wichtiger als das Wort, weit wichtiger, klarer und weniger trügerisch: Er genügt weitgehend sich selbst und sagt immer die Wahrheit. Die mit der Entdeckung der Stimme verbundenen emotionalen Entladungen benötigen folglich gar nicht notwendigerweise einen verbalisierten Kommentar, was einen meiner Bekannten veranlaßte, zu einem Psychoanalytiker zu sagen: «Was ich an dieser Methode schätze, ist, daß sie ohne Worte auskommt.»

Bei der Befreiung der Stimme muß man sich auch mit einer Art von gewaltiger Kraft abfinden, die mit der Heftigkeit der tiefen Harmonien zusammenhängt. In einer ersten Phase wagt es der Sänger nicht, aus eigener Initiative in dieses Zorn-Reservoir vorzudringen, das sich in seinem Inneren angesammelt hat: Sozialer Druck und insbesondere die Erziehung verfolgen, anstatt diese aggressive Kraft zu nutzen, immer nur gerade das Ziel, sie zu bändigen. Erzieher fürchten sich meistens vor der Heftigkeit des kindlichen Schreis. Ihm träumt, er vernichte, er töte es, er zerquetsche es, er ersticke es im Ei, und das im Namen einer eindeutigen Umkehrung der Dinge: Auch er wurde eines Tages zerquetscht, vernichtet, getötet ..., und weil er nicht reifer geworden ist, läßt er es auch nicht zu, daß sich in einem anderen eine harmonische und erwachsene Stimme entfaltet.

Der Schrei des Säuglings, des Kleinkindes ist tatsächlich rohe Gewalt, die verlangt, akzeptiert, respektiert und so geführt zu werden, daß daraus eines Tages eine harmonische und reife, also erwachsene, Kraft wird als wohlausgestaltetes körperliches und mentales Werkzeug. Vom rohen Stein zum Kunstwerk: Erziehung ist nahe verwandt mit der Arbeit des Bildhauers: Gestaltung der Anatomie, Modellierung der Seele, Formung des Geistes.

Diese Berufung *heraus-zuziehen*, «aus etwas herauszuführen», setzt eine tiefe Achtung vor dem Wesen des Kindes voraus; anstatt verknöcherte Haltungen zu programmieren, zu konditionieren, sollten die Methoden einer Mäeutik angewandt werden, die den jungen Menschen dazu einladen, alle seine physiologischen, psychischen und spirituellen Fähigkeiten zu enthüllen, damit ihm eine vollständige Entfaltung ermöglicht wird. Rabelais hat dasselbe gesagt; doch seine Botschaft ist nie aufgenommen worden. Sie muß deshalb fortwährend von neuem formuliert werden.

Meine Rolle als Stimmbildner bei lautlich unterdrückten Erwachsenen besteht eben darin, die Gewalt der tiefen Klänge zu entfesseln, die ständig verdrängt worden waren, damit im Bauch diese Kraft zurückgewonnen wird, die dazu dient, die auf der höheren Stufe angehäuften Verspannungen zu lösen. Diese *umgestaltende* Arbeit einer Rückkehr zu den Quellen bringt oft, sobald man sie ausführt und das Ungestüm der beiden ersten Chakren reaktiviert, zunächst eine Form von Aggressivität und Selbstausschließung hervor, weshalb meine Schüler davor gewarnt und darauf vorbereitet werden müssen. Das Alltagsleben geht weiter, aber in einer anderen Qualität. Wenn sich der «Sender» in uns verändert, wird auch der «Empfänger» gleichermaßen umgepolt, und wir *wenden* uns den anderen Menschen zu. Eine ganze Welt früherer Beziehungen verliert ihr Interesse an uns, und wir selbst empfinden keinerlei Interesse mehr für sie. Umgekehrt bahnen sich neue Verbindungen mit anderen Personen an. Wir sandten unsere Botschaft auf der Welle des Südwestfunks 1 aus und wechseln jetzt zum Programm von Südwestfunk 2 ... Das sind nicht mehr dieselben Zuhörer.

Das Kind geht, das Kind redet und schreit, es wird krank. Es lernt auch, zu lernen, denn es geht zur Schule. Aus einem Körper, der atmet, einem tönenden und von Emotionen beherrschten Körper wird ein abstrahierender Körper. Sein Leben wird komplizierter, indem es sich sozialisiert. Unter der Fuchtel des Lehrers bemüht sich der Schüler, sein Verhalten zu disziplinieren, seine Gefühle zu kontrollieren, die Normen zu beachten und nachzuahmen. Nicht von ungefähr wird die Schule bisweilen mit einem Hindernislauf verglichen: Anpassung an die Persönlichkeiten der Lehrer, Integration in die Klasse, Assimilation an die Methoden, Speicherung der Kenntnisse, Gefahr eines Mißerfolgs und Drohung einer Repetition ... Der Beruf des Schülers ist keine Lustpartie. Die hinterhältigsten Gefahren werden möglicherweise nicht einmal formuliert, und zwar aus dem ausgezeichneten Grund, daß bestimmte Dinge nicht gesagt werden dürfen, die an die hohe Meinung rühren, die wir uns von einer gewissen fleischlosen Intellektualität machen und die nur aus dem Blickwinkel der reinen Leistung und des gesellschaftlichen Ansehens betrachtet werden.

Von dem Augenblick an, da unter dem Druck des Wettbewerbs in der Schule nur mehr Intellekt und Affekte die individuelle Entwicklung bestimmen, kann man sicher sein, daß Wege ohne Ausweg gewählt werden, die das Wesen von seiner «Berufung»[6] ablenken. Unter dem Einfluß der Erziehungsinstitutionen geht das Kind von der Erkenntnis zum Wissen über, vom Sein zum Schein, vom Leben zur Existenz[7]. Eine zweifellos verhängnisvolle Ablenkung von der Lebensenergie führt zu einer Hyperintellektualisierung, die bestenfalls als Eitelkeit erkannt wird. Die Rückkehr zum Erkennen wird dann unvermeidlich. Auch auf die Gefahr hin, selbst des Intellektualismus bezichtigt zu werden (kann aber der Intellekt nicht *auch* für gute Zwecke genutzt werden?), erinnere ich an die Etymologie von *erkennen*[8]. Für Erkennen oder Erkenntnis ergibt sich daraus der Sinn: «angeborenes Wissen». Die Altphilologen sind (worauf vor allem Claudel hingewiesen hat) mit dieser Deutung nicht einverstanden, da sie eher von einer sprachlichen Intrige herrühre. Ihnen zufolge bedeutet das lateinische Verb *cognoscere* ursprünglich zunächst «lieben» im fleischlichsten Sinne dieses Wortes, das auch in der Vulgata so verwendet wird. Das klassische Latein aber spricht dem Verb eine umfassendere Bedeutung zu. Für welche Ableitung man sich auch immer entscheidet, das Wort Erkennen oder Erkenntnis bedeutet immer eine totale *Verschmelzung* zwischen dem Menschen, der etwas begehrt, und dem Gegenstand seines Begehrens.

Die Schule steht nicht mehr im Dienste des Erkennens. Sie hat sich verschworen, Wissen, dieses notwendige Übel, zu verbreiten. Um den Kopf des Kindes angemessen zu füllen – was alles in allem noch immer besser ist als ein dümmlich leerer Kopf –, mindert sie das Kind in seiner ursprünglichen biologischen Wahrheit, und sie verhindert später den Heranwachsenden und dann den jungen Erwachsenen daran, *sein* Leben zu leben. Will der junge Mensch wieder lernen zu leben, muß er sich folglich auf die Suche nach dem menschlichen Lebewesen machen, das er in seiner zartesten Jugend gewesen war und von dem er sich in der Zwischenzeit weit entfernt hat: Sein Individuationsprogramm muß darin bestehen, den falschen Schein zu töten, um den Sinn und den Geschmack am wahren Leben wiederzufinden, die Intelligenz in den Dienst des restrukturierten und in seiner aufrechten Haltung wiederhergestellten Lebewesens zu stellen, schließlich in sich selbst das Tier und das intelligente Tier miteinander zu versöhnen, um die beiden zu einem einzigen Wesen zu verschmelzen.

Bevor diese ideale Harmonie verwirklicht ist, sind aber

viele Hindernisse zu überwinden! Vielen Fußangeln muß man aus dem Wege gehen! Armes Kind ... Je mehr man in ihm, mit besten Absichten, eine gesellschaftlich angesehene Tätigkeit fördert, um so mehr steigert man in ihm seine mit dem Gelingen der von ihm verlangten Verhaltensweise verbundene Angst: Ein Mißerfolg wird faktisch ausgeschlossen.

Diese Angst bewirkt nun, daß der Atem zurückgehalten wird. Der kleine Lehrling tut folgendes: Er atmet immer weniger und immer schlechter ein, denn es muß rasch geschehen, das wird verlangt. Die Atembewegung wird verkürzt, die Energie bleibt im oberen Teil des Körpers hängen, und die Stimme wird symbolisch für diese Zurückhaltung; der Schüler nimmt sich kaum Zeit einzuatmen, bevor er einen Ton von sich gibt oder eine Geste macht.

Jeder emotionale Schock, der dem Kind während seiner intellektuellen Entwicklung widerfährt, wird vom wichtigsten Muskel des Atemapparats, dem Zwerchfell (Diaphragma), registriert. Jedes Lachen, jedes Weinen erhält den Anstoß vom Zwerchfell, besser gesagt: von den Zwerchfellen, denn es sind mehrere Ebenen. Neben dem breiten und dünnen Muskel, der die Brust vom Unterleib abtrennt, gibt es auch den Türkensattel (Diaphragma sellae) im Hirn und das Beckenzwerchfell (Diaphragma pelvis), die sich synchron miteinander durch den ganzen Körper hindurch ausdehnen und zusammenziehen.

Diesen drei Diaphragmen fügen manche Anatomen noch ein viertes im Bereich des Schlüsselbeins hinzu, das «Zwerchfell im oberen Thorax». Es verdient hier Erwähnung, weil meinen Beobachtungen zufolge die Energie-Ton-Beziehung in dieser Gegend oft auf besonders hartnäckige Weise blockiert bleibt.

Eine echte aufrechte Haltung käme möglicherweise durch ein Gleichgewicht zwischen diesen Diaphragmen zustande. Doch das wichtigste Zwerchfell ist der «Lebensmuskel» (oder Nichtlebensmuskel!), der alle mit den Gefühlen und der Atmung verbundenen Störungen aufzeichnet. Selbstbeherrschung beginnt somit mit der Beherrschung des Zwerchfells. Sobald dieses unter Kontrolle gebracht ist, kann der Mensch alle seine Emotionen voll ausleben, ohne von ihnen überschwemmt oder gemindert zu werden. Eines der ersten physiologischen Ziele bei der Arbeit an der Stimme ist die Erziehung des Zwerchfellmuskels.

Der Stimmlehrer verbringt wohlverstanden seine Zeit damit, offene Türen einzurennen: den Schülern wieder beizubringen, wie man richtig atmet. Im Yoga sagt man mit Recht, nur das Ausatmen sei Großmut; wir wollen hinzufügen: Der Gesang ist Großmut. Doch ein großmütiges Ausatmen gibt es nur bei vollständigem Einatmen. Und da wir wie alle Menschen mittelmäßige Einatmer sind, bringen wir keine Stimme zustande, ohne daß wir den Mechanismus der Luftaufnahme in seinem ganzen Umfang, seiner Richtung und seiner Ruhe neu aufbauen.

Diese Aussage muß noch vertieft werden: Das Atemholen[9] ist auch unsere erste Nahrung, die erste Energie, die wir unserer Umwelt entnehmen. Eine verkümmerte Atemtechnik ist eine Gefahr für die Grundversorgung mit Lebensenergie. Man versteht deshalb, weshalb es bei der Arbeit mit der Stimme derart wichtig ist, die Qualität des Einatmens bei einem Sänger zu kontrollieren: Sie ist die *conditio sine qua non*, eine unumgängliche Voraussetzung für die Wiedergeburt eines heiteren, beherrschten und großmütigen Wesens.

Großmut, man wird mit mir einig gehen, gehört nicht zu den Merkmalen, welche die große Masse der Menschen auszeichnen, die auf der Erdoberfläche außer Atem kommen. Kleinlichkeit bei der Atmung, während Jahren angehäuft und wiederholt, wird als Reflex rasch zur zweiten Natur und verursacht in der ganzen Persönlichkeit wesentliche Verzerrungen:

Die Haltung ist nicht aufrecht, sondern steif, man zieht den Kopf zwischen die Schultern ein oder hält ihn besonders hoch auf einem verlängerten Hals, man verbindet Schultern, Nakken und Unterkiefer zu einer Einheit, blockiert das Stimmsystem so hoch oben wie möglich, so wie der Zapfen im Hals einer Schaumweinflasche die Unruhe in der perlenden Flüssigkeit in Schach hält. Wichtig ist nur das Aussehen, die auf die Flasche geklebte Etikette.

Die Verklemmung der Stimmröhre wirkt sich auf die Statik der Wirbelsäule aus; oft wird die Aufmerksamkeit des Lehrers von «Knoten» im Rückgrat angezogen, die, so scheint es, mit den Stellen zusammenfallen, wo der Energiefluß blockiert wird. Sie müssen zum Verschwinden gebracht werden, damit die auf dieser Stufe angehäuften Spannungen zur Erde zurückkehren. Es wird immer deutlicher sichtbar, daß diese Knoten gewissermaßen die energetischen Stützpunkte der falschen Persönlichkeiten sind; sie lassen sich am Ton lokalisieren, vor allem wenn dieser nach einem Einatmen durch die Nase hervorgebracht wird. Der genaue Ort dieser Wirbelsäuleknoten hängt wahrscheinlich vom Gleichgewicht zwischen den Zwerchfellen ab. Das ist mindestens eine plausible Erklärung, die aber noch bestätigt werden muß.

Die meisten dieser falschen Verhaltensweisen bei der Atmung und die Störungen in der Körperachse, die eine Folge davon sind, entstehen bei den Kindern im Schulalter: Während dieser Zeit werden nämlich äußerst künstliche Körperhaltungen anerzogen, etwa das verlängerte Sitzen mit gebogenem Rückgrat beim Schreiben, Zeichnen oder Lernen, ebenso auch die sparsame Atmung, Artikulation und Bewegung während der Schulstunden und insbesondere dann, wenn erworbene Kenntnisse mündlich oder schriftlich geprüft werden.

Die schlechten Gewohnheiten verhärten sich und werden durch Aufenthalte im Pausenhof, die Turnstunden, die sportliche und musische Ausbildung nur noch verstärkt; man stützt sich nicht mehr auf den unteren Teil der Wirbelsäule, man hält sich so gut wie möglich auf den Beinen, das Schwerezentrum verschiebt sich nach oben. Während der Arbeit an der und durch die Stimme verschiebt sich dieser Schwerpunkt bisweilen an seinen richtigen Platz, was, wie bereits gesagt wurde, den Sänger aus dem Gleichgewicht und, sehr selten., zu Fall bringt. Der Professor ist im allgemeinen darauf gefaßt und deshalb darauf vorbereitet, im Eventualfall einzugreifen, vor allem auf harten Böden.

Es kommt auch vor, daß die Beine des Schülers zu zittern beginnen, was heftige Schmerzen in den Waden oder in den Füßen auslöst. Solche Symptome sind typisch dafür, daß der Kontakt zur Erde brüsk wiederhergestellt wird: Der Sänger durchläuft die Spannungen, mit denen und «auf» denen er lebte, ohne sich dessen bewußt zu sein, und die in gewissen Fällen beim Gehenlernen entstanden sind.

Jeder von uns hat eine falsche Statik. Grund dafür sind Muskelsysteme, die sich im Vergleich zu anderen überproportional entwickelt haben. Einfach und bildhaft ausgedrückt: Jeder Mensch ist so etwas wie ein Turm zu Pisa, der wiederaufgerichtet werden muß, indem zwischen den verschiedenen Muskelsystemen ein möglichst gutes Gleichgewicht hergestellt wird, denn eine wirkliche Stimme ist nur in einer wirklichen aufrechten Haltung – und umgekehrt – möglich.

Vom Standpunkt eines Knochenspezialisten her sieht es so aus, als würden die von mir vorgeschlagenen stimmlichen Übungen insbesondere jene Muskelsysteme dynamisieren, die für die Ausbildung einer vertikalen Haltung und für die Regulierung des Schwerezentrums verantwortlich sind. Die Folge wäre somit eine Art Umschulung der Haltung; der Sänger wird dadurch von selbst größer, die Atmung wird tiefer, das ganze Körperschema kommt ins Gleichgewicht.

Das physiologische Prinzip beim Arbeiten durch die Atmung und die Stimme besteht darin, daß die Spannungen genutzt werden, die sich im Körper verschoben haben, darauf hinzuwirken, daß das Individuum seine ganze neuerworbene Kraft gegen die Kontraktionen einsetzt, die seine volle Reifung noch verhindern. Das Spiel ist endgültig gewonnen, sobald die «Schaukelbewegung» einsetzt, welche die Atem-Ton-Energien in das *Hara*[10] verschiebt.

Das ist ein allmählicher, mit List gekoppelter Abnutzungskampf, in dessen Verlauf die Spannungen in der Superstruktur des Gebäudes sich allmählich verringern und sich in die Fundamente zurückziehen. Die Mensch reintegriert sein Zentrum Schritt für Schritt in alle Bewegungen seines Lebens. Er *konzentriert* sich, das heißt, er findet sein Zentrum wieder, also den Bauch. Und diese Rückkehr zu den Ursprüngen ist unumkehrbar: Alles, was er von jetzt ab unternimmt, zielt auf eine Erneuerung im Beruf, in den Beziehungen, in den affektiven Belangen, in seinem Aussehen ab, denn sobald dieser Reflex einmal erworben ist, weitet sich der Neuaufbau unendlich aus; das eigene Wesen wird auf allen Stufen, von den Wurzeln bis zum Gipfel, erneuert. Die menschliche Pflanze hat sich gewandelt. Sie *ist*, ganz einfach gesagt; sie wird sein, und zwar immer besser ..., falls die Regeln einer regelmäßigen Begießung beachtet werden.

Wachsamkeit und Übung: Bei der Arbeit an der Stimme läßt sich nichts je erreichen und erhalten ohne Wiederholung der Atem- und Stimmübungen, ohne daß man auf sich selbst aufpaßt und insbesondere ohne diese innere Verfügbarkeit, die den Sänger zu einem Erforscher des inneren Raumes – sowohl im Laboratorium als auch im Feldversuch – macht. Da Humor eine Kardinaltugend bei dieser Art von Arbeit ist, unersetzlich, sobald gewisse Situationen entdramatisiert werden müssen, beschreibe ich die Erfahrungen bei der Arbeit an der Stimme oft folgendermaßen: «Diese Methode besteht darin, daß man den Schüler in drei bis vier Metern Entfernung vor eine Mauer stellt, ihn auffordert, sich mit gesenktem Kopf auf die Mauer zu stürzen, wieder zu seinem Platz zurückzukehren und abermals auf die Mauer loszugehen, bis er sich bewußt wird, daß es in der Mauer eine Türe hat und daß es viel einfacher wäre, diese Türe zu öffnen, die sich unmittelbar neben der Stelle befindet, auf die er mit gesenktem Kopf losgegangen ist ...»

Mit anderen Worten: Der Stimmbildner kann unmöglich jemandem etwas beibringen. Er kann bloß seinen Schüler vor bisweilen harte Aufgaben stellen, damit dieser in seinem Körper und durch seine Muskeln die von ihm zu erstrebenden Lösungen erkennt. Gilt das nicht für jeden echten Unterricht? Muß nicht jede Pädagogik auf Erwerb der Selbständigkeit ausgerichtet sein? Und besteht nicht das beste Lernen darin, daß man selbst seine eigenen Erfahrungen sammelt, da die der anderen noch nie jemandem Nutzen gebracht haben?

Der Heranwachsende und die Stimme

So oder so, das Kind ist größer geworden. In der Pubertät entwickeln sich nicht nur die Geschlechtsfunktionen, auch die persönliche Selbständigkeit prägt sich aus, oft gepaart mit Forderungen an die Umwelt. Eine eigentliche psychosomatische Revolution.

Das Körperwachstum löst durch die übermäßige Verlängerung der Beine vorübergehend ein physisches Ungleichgewicht aus, die sekundären Geschlechtsmerkmale werden sichtbar, und die in voller Mutation befindliche Stimme des jungen Mannes wird zum Ausdruck für das Unbehagen, das die ganze jugendliche Persönlichkeit befällt: Die tiefen Harmonien des Erwachsenen bilden sich aus und überlagern sehr ungeschickt die Laute des Kindes, das nicht so recht weiß, was es tun soll. Die Stimme entgleist, fasert aus, hin und her gerissen zwischen den tiefen Tönen, die sich noch nicht vorwagen, und den hohen Tönen, die sich nicht mehr vorwagen.

Die Adoleszenz ist zweifellos schwieriger als alle anderen Lebensperioden zu beschreiben. Definiert wird sie im allgemeinen als Stadium zwischen Kindheit und Erwachsenenleben, was nicht gerade viel besagt. In primitiven und traditionsbewußten Gesellschaften gibt es die Adoleszenz nicht. In der Pubertät wird das Kind einem Übergangsritual unterzogen, das aus ihm ein vollständiges Wesen macht und es sogleich in die Welt der Erwachsenen integriert. Die sexuelle Reifung fällt mit der sozialen Emanzipation zusammen: Ob Hirte, Akkerbauer, Krieger oder Lehrling, der junge Mann oder das junge Mädchen haben ihren Platz, sie spielen ihre Rolle in der Gemeinschaft und werden sich auch alsbald verheiraten und fortpflanzen.

In industriellen und technologischen Gesellschaften hingegen macht das komplexe Ausbildungswesen eine Verlängerung der jugendlichen Unselbständigkeit notwendig. Eine immer größere Lücke zwischen Fortpflanzungsfähigkeit und gesellschaftlicher Selbständigkeit ist die Folge: Der Heranwachsende wird – obwohl er biologisch imstande wäre, sein Leben selbständig zu gestalten – unter psychologischer und wirtschaftlicher Vormundschaft gehalten. Als zurückgebliebenes Kind wird er nur schwer mit dieser Spaltung zwischen seiner eigentlichen Natur als selbstverantwortlicher junger Erwachsener und seinem untergeordneten Status fertig. Die für die Adoleszenz so typische psychologische Instabilität ist eine Folge dieses existentiellen Unbehagens und erklärt, weshalb junge Menschen derart verwirrende Verhaltensweisen zeigen, die am selben Tag zwischen Revolte und Passivität, zwischen Minderwertigkeitsgefühl und Machtanspruch, zwi-

schen Schüchternheit und Frechheit, zwischen Niederge-
schlagenheit und jubelnder Freude, zwischen Absonderung
und Herdentrieb schwanken können, wobei die Wankelmütig-
keit sowohl Sprachlosigkeit als auch gellende Stimmausbrü-
che auslösen kann.

Der psycho-stimmliche Identifikationsprozeß entspricht
beim Pubertierenden wie beim Adoleszenten einem vitalen
Bedürfnis. Die ganze soziale Umwelt ist dazu aufgerufen, die
unerläßlichen Verhaltensmodelle vorzuleben. Nachahmungs-
trieb, schillernde Vorbilder, Verlockungen bringen viele Knaben dazu, sich die Persönlichkeit eines harten Mannes, eines
Zuhälters anzueignen, verbunden mit einer entsprechenden
Stimme, während die Mädchen versuchen, sich das Lächeln
und Zwitschern einer unwiderstehlichen «Weiblichkeit» zuzu-
legen.

Alle nehmen aus ihrer Umgebung eine Anzahl Vorbilder
bezüglich Gestik, Kleidung, Sprechweise, Haltung, Verhalten
auf, aus denen eine vollständige und idealisierte Persönlichkeit
hervorgeht, für welche die Stimme ein Symbol ist. Sie setzen
sich eine *Persönlichkeit-nach-dem-Vorbild-von* zusammen.

Autoren wie Lacan (mit seinem «Spiegeleffekt») und
Winnicott (mit seinem «falschen Selbst» und «wahren Selbst»)
haben unter anderem gezeigt, daß sich der Voradoleszente und
der Adoleszente nur eine ihnen selbst äußerliche Persönlichkeit zu fabrizieren vermögen, welche die Tendenz hat, sich zu
fixieren und beständig zu werden. Die etruskische Etymologie
des Wortes *persona* zeigt etwas Wesentliches auf: Ursprünglich
wird damit die Theatermaske[11] bezeichnet. Versteckt hinter
dieser *Personalität* spielt der Adoleszente seine Rolle, das heißt,
er gibt so getreu wie möglich die Rolle und den Text eines
Autors wieder. Er befindet sich wortwörtlich «in der Haut seiner Heldenfigur». Er ist nur mehr eine Heldenfigur.

In den traditionsbewußten Gesellschaften werden die

Identifikationsvorbilder während der Initiation weitergegeben, die dem pubertierenden Kind zuteil wird: Der Kandidat
wird im allgemeinen darauf vorbereitet, seine Funktion innerhalb einer gegebenen Gesellschaft möglichst gut zu erfüllen,
indem er in sich Eigenschaften wie Ausdauer, Ehrenhaftigkeit,
Respekt, handwerkliches Geschick entwickelt, die seine Integration in die Gruppe begünstigen. Es kommt vor, daß man
ihm einen richtigen Spiegel vorhält und ihn auffordert, sein
eigenes Gesicht während eines gewissen Zeitraums, der ihm
wie eine Ewigkeit vorkommt, intensiv zu betrachten. Dabei
geht es nicht mehr darum, sich mit einem anderen zu identifizieren, sondern Selbstachtung zu gewinnen und von da aus in
der Verborgenheit seines Gewissens und seines Körpers das zu
verbessern, was verbessert werden muß.

Unsere heutige Gesellschaft hingegen beutet das noch
unfertige Seelenleben des Adoleszenten gnadenlos aus, indem
sie vor seiner Phantasie ein ganzes Karussell von Bildern und
Personen sich drehen läßt, aus denen sich – unmittelbar oder
später – finanzieller Profit schlagen läßt. Kleidermoden, Le-
bensstile, Vorbilder hinsichtlich Ernährung, Musik und Gesang schaffen so am Ende eine «Jugendkultur», die darauf angelegt ist, Minderjährige und mit ihrer Pubertät nicht fertig
werdende Adoleszente zu marginalisieren, indem man sie mit
dem Bild einer rein spielerischen Welt, einer Traumwelt, be-
schenkt. Alle visuellen und stimmlichen Mittel der Reklame-
faszination tragen zu dieser Destabilisierung (manche werden
sagen: Verdummung) bei, und die Ingenieure der Dekadenz
schrecken vor keiner Übertreibung zurück, um ihre liebens-
werte Kundschaft zu befriedigen: Gewalt in Film und Theater,
Erotisierung der sozialen Beziehungen, Kommerzialisierung
aller menschlicher Tätigkeiten; das Prinzip der sofortigen Befriedigung aller Wünsche und der Verwirklichung aller Phan-
tasievorstellungen, selbst wenn diese zuerst noch geschaffen

werden müssen, hat den Vorrang vor jeglicher Überlegung hinsichtlich Wert, Würde oder Sinn.

Während sich früher ein junger Mensch vielleicht mit einem ritterlichen Helden, einem Rächer mit tiefem Baß und energischem Auftreten aus einem Westernfilm identifiziert hat, sind wir jetzt auf das Niveau eines Rambo gesunken ..., Nullpunkt der Sprachlosigkeit und Rüpelhaftigkeit. Anstatt daß Adoleszente zu einer Form der Selbstbeherrschung angeleitet werden, löst eine nur auf Konsumverhalten angelegte Ideologie die Neurosen aus, die für alle möglichen Formen der merkantilen Ausbeutung günstig sind. Wenn wenigstens der Unterricht, in künstlerischen Fächern beispielsweise, ein Gegengewicht aufzubauen versuchte ... aber nein: Zum Teufel mit einem Schauspieler, der seine Kunst und sich selbst beherrscht und sich nicht an der Nase herumführen läßt! Schauspielerschulen zerstören derzeit ihre Studenten, mißbrauchen wohl«ausgebildete» Marionetten, deren Vorstellungswelt mit exzessiven Situationen – Alkohol, Drogen und andere Verirrungen – gesättigt ist ... Dieser Schultyp bringt eine Generation von Nervenkranken hervor, Unausgeglichene, Herdenmenschen, gelegentlich Selbstmörder. Die Welt der Künste ist voll solcher Personen, was auch den Niedergang einer gewissen zeitgenössischen Kunst erklärt.

Die Renaissance zum Beispiel war eine Zeit, in der Architekten, Maler, Musiker, von soliden traditionellen Grundlagen ausgehend, ihre Bilderwelt unter Respektierung dieser universellen Struktur weitergaben, die den anderen, ob Zuschauer oder Zuhörer, formte. Unsere heutigen Häuserbauer hingegen, die nur noch Funktionales errichten wollen, vernachlässigen früher für wichtig gehaltene Probleme wie die Wahl des Standorts, die räumliche Orientierung, die Proportionen, die Formen, die Materialien, wodurch die Wohnung heute bekanntlich universell zu einer Schachtel geworden ist.

In der Malerei wird nicht mehr eine Weltgesamtschau ausgedrückt, sondern die Wirklichkeit wird in Stücke zerlegt. Van Gogh, alles in allem ein genialer Künstler, vermittelt durch seine halluzinierende Erfassung des sinnlich Wahrnehmbaren ein Bild des menschlichen Elends, der Verkommenheit und einen wahrhaft herzzerreissenden (im eigentlichen Sinne des Wortes) *Schmerz*. Mozart, Beethoven, Wagner und Strauß, um nur diese Namen zu nennen, verkörpern genial die klassische Musik; Nachfahren haben allmählich die traditionelle Harmonie aufgegeben und sich der seriellen Zwölftontechnik zugewandt, die ein System von universeller Struktur aufgibt und deshalb nur noch eine Minderheit anspricht.

Diese Kritik an der Serialität stützt sich auf eine pythagoräische, zugleich geometrische und arithmetische, Auffassung von Musik in ihren Beziehungen zum menschlichen Mikrokosmos und universellen Makrokosmos. Der Empfänger, diese geometrische, in fortwährendem Aufbau begriffene Struktur, schwingt nur mit, wenn er sich mit einem System harmonisiert, das eine Anzahl Töne aussendet, die ihm entsprechen und es ihm idealerweise ermöglichen, sich von Sphäre zu Sphäre bis zur Erkenntnis der kosmischen Grundstruktur zu erheben. Deshalb ist es meiner Meinung nach nötig, jede Form von solche Grenzen aufsprengender und entstrukturierender Kunst, zum Beispiel die Zwölftontechnik, abzulehnen.

Es wäre, in der Kunst wie bei anderen menschlichen Tätigkeiten, wichtig, daß man zu einer gesünderen Auffassung zurückkehrt und bessere Vorbilder erarbeitet, was wiederum eine neue Werteskala voraussetzt. Falls nicht eine neue Ordnung gefunden wird, ist zu befürchten, daß die Gesellschaft und zuallererst ihre Jugend einer Art kollektiver Neurose erliegt, was ihren Untergang bedeuten würde.

Erwachsene stellen sich noch immer mit einem verfälschten Stimm-Ich in einem verfälschten Körper und Geist in den Stimmkursen ein, und im allgemeinen sind sie sich dessen bewußt: Deshalb werden sie vom Gesang angezogen. Was sie beinahe immer nicht wissen, ist, daß es gar nicht anders sein kann. So wie es unmöglich ist, aus der Adoleszenz mit einer echten Persönlichkeit hervorzugehen, ist es auch undenkbar, daß man sie mit einer echten stimmlichen Persönlichkeit hinter sich zurückläßt; im Muskelbereich ist in diesem Lebensabschnitt alles verformt und fixiert. Zwei Wege/Stimmen stehen jetzt dem jungen Erwachsenen offen, wie die zeitgenössische Psychoanalyse auf streng mentaler Ebene festgestellt hat: Entweder gibt er sich damit zufrieden, sein ganzes Leben auf dieser stimmlichen, physischen, psychischen, intellektuellen Maske aufzubauen, oder er reißt sich die Verkleidung vom Gesicht, um den anderen gegenüber der zu werden, der er ist. Alle großen Initiationstraditionen betonen diese Notwendigkeit, indem sie von ihren Kandidaten verlangen, «den alten Menschen auszuziehen».

Die erwachsenen Stimmen

Die Arbeit an der Stimme ist mit Kindern, Heranwachsenden, Erwachsenen und älteren Menschen möglich. Die Prinzipien bleiben dieselben, die Übungen mit der Stimme und zur Körperhaltung ebenfalls; aufgrund des unterschiedlichen Alters der Stimme drängen sich jedoch Unterschiede im Umgang mit den Schülern auf, die Dauer der Ausbildung kann sich verändern, die Ausbildung wird je nach Alter und jeweiliger Auffassung darüber mit anderen Augen betrachtet.

Mit einem Kind zu arbeiten, ist verhältnismäßig einfach: Sein Körper ist sehr aufnahmefähig, sofern man die Aufgabe spielerisch und mit etwas pädagogischer Phantasie angeht. Sobald die anfängliche Zurückhaltung einmal überwunden ist, verändert sich das Verhalten, das Wohlbefinden und die Freude des kleinen Sängers werden darin sichtbar. Die ersten zu überwindenden bedeutenderen Blockierungen sind jedoch schon vor dem dritten Lebensjahr vorhanden: Der Unterkiefer ist zu diesem Zeitpunkt bereits klar im Gesicht eingeprägt, wie Bilder aus dem Familienalbum zeigen. Bei Kindern sind bestimmt außergewöhnliche Methoden anzuwenden, was eine große Gesangschule erforderte, die uns fehlt. Doch erst der Erwachsene ist imstande, sich selbst im Hinblick auf einen initiatorischen Neuaufbau in Frage zu stellen. Die Kinder erleben dennoch oft eine intensive psychologische Befreiung, die durch die von ihr ausgelösten physischen Manifestationen sehr spektakulär sein kann. Sie begreifen jedoch bestimmt nicht deren Sinn oder Umfang.

Je später man mit dieser Art von stimmlicher Arbeit beginnt, um so länger und schwieriger wird der ganze Prozeß. Es ist beispielsweise alles andere als bequem, sich mit Adoleszenten zu befassen.

Wir haben bereits darauf hingewiesen, der junge Mensch ist in diesem Alter derart auf der Suche nach seinem Körper- und Seelenbild, er erfährt in allen Bereichen seiner Persönlichkeit derartige Störungen und Veränderungen, daß es wirklich schwierig ist, ihn zum Singen zu bringen, es sei denn, er verlange selbst danach. Im allgemeinen wartet man besser das Ende der Adoleszenz ab, um in einen Kurs einzusteigen oder ihn fortzusetzen.

Innerhalb der vier Altersstufen der Stimme eignet sich die erwachsene Stimme am besten für eine solche Schulung. Nur ein durch das Bewußtsein seiner Grenzen und seiner Ziele kraftvoll motivierter Mensch vermag den inneren Kampf durchzustehen, der für den Tod seiner Persönlichkeit notwendig ist. Mister Hyde muß umgebracht werden, damit Doktor Jekyll zu leben vermag, aber Mister Hyde läßt sich nicht so leicht und offensichtlich dazu bewegen, seine Seele aufzugeben. Bisweilen ist es ein harter Kampf im Körper und im Geist des Sängers. Er verkauft seine Haut so teuer wie möglich, beispielsweise in Form eines Abfalls des Blutdrucks oder depressiver Zustände, in deren Verlauf er sich kraftlos fühlt, als hätte er seine ganze «Marksubstanz» verloren.

Läßt der Blutdruck nach, so kommt es vor, daß der Intellekt plötzlich abschaltet, wodurch der Sänger einige Minuten lang eher recht dümmlich aussieht. Die französische Umgangssprache, die den wesentlichen körperlichen und geistigen Wirklichkeiten oft sehr nahe kommt, verwendet das Verb *deblockieren* nicht nur für die Aufhebung einer Blockade, sondern auch für die Überwindung eines Hirngespinstes. Am besten entscheidet man sich in einem solchen Fall dafür, je nach äußeren Umständen Geduld, Hartnäckigkeit oder selbstironische Distanzierung zu empfehlen, Haltungen also, die dem Erwachsenen zu eigen sind.

Die in diesem Buch beschriebene Arbeitsmethode für die Stimmbildung läßt sich auch bei allen Frauen und Männern anwenden, die als «ältere Menschen» bezeichnet werden. Dabei ist dieser Begriff sehr zweideutig. Ich arbeite oft mit zwanzigjährigen «Jugendlichen», die eher älteren Menschen ähnlich sind, während manche Sechzigjährige noch sehr jugendlich zu sein scheinen. Sprechen wir von einem physischen Alter oder vom Zustand des Gemüts? Ich stelle fest, daß als älter zu bezeichnende Personen, die für eine solche Arbeit an der Stimme motiviert sind, sich immer durch starke Jugendlichkeit auszeichnen und unerwartete Kräfte mobilisieren.

Bei Senioren ist es noch wichtiger als bei anderen Schülern, jeden einzelnen Menschen so zu akzeptieren, wie er ist, den Arbeitsrhythmus zu erfühlen, der zu wählen ist, damit man bei ihm oder ihr etwas erreicht. Gleichzeitig muß man solchen Personen mit dem gebührenden Respekt begegnen.

Man darf auch nicht vergessen, daß eine Entwicklung oder eine physiologische Revolution bei einer älteren Person schwieriger zu verwirklichen ist.

Die Stimmübungen sind so angelegt, daß sie Heiterkeit vermitteln, daß sie Freude am Singen wecken, daß sie auf dieser Lebensstufe, in der es notwendig zu sein scheint, ein Körperbild, das sich abzuschwächen droht, mit neuer Dynamik zu erfüllen, besonders willkommen ist. Singen lernen, gleichgültig in welchem Alter, bedeutet, daß man sich in seinem Körper wohlfühlt und es so lange wie möglich bleiben möchte.

Das Alter des Sängers ist zweifellos weniger wichtig für die Entwicklung der Arbeit an seiner Stimme als seine innere Persönlichkeit und sein Geschlecht.

Die Zeit, die man benötigt, um eine Persönlichkeit durch eine Beseitigung ihrer Spannungen umzuformen, hängt zu einem erheblichen Teil von der persönlichen Gleichung ab. Im allgemeinen dauert es aber bei einem Sänger länger als bei einer Sängerin: In ihr sind in einer aufgelockerteren Silhouette die Verkrampfungen weniger tief verankert, die Kontinuität zwischen dem unteren und dem oberen Teil des Körpers scheint besser gewährleistet zu sein, was sie *a priori* aufnahmefähiger für die Arbeit an der Stimme macht. Die Frau ist kommunikativer, und dank diesem Prinzip der Offenheit, das sie dazu befähigt, in außergewöhnlichen Zuständen alles aufzugeben, eignet sie sich besser dazu, die eigene Persönlichkeit von Kopf bis Fuß neu aufzubauen. Sie ist durch Lachen, Weinen und viele andere Anzeichen einer großen Reinigung wagemutiger in ihrem Ausdruck als ihr Partner; zweifellos nicht zufällig leitet die Etymologie «Hysterie» von «Uterus» ab.

Im Vergleich dazu hat der männliche Körper ein segmentiertes Aussehen, was durch die Symbolik der bürgerlichen Kleidung im Abendland noch unterstrichen wird. An den Hüften trennt der Gürtel den oberen vom unteren Körperteil, und das französische Wort «pantalon» für Hose stammt vom Namen eines burlesken Helden in der italienischen Commedia dell'arte, Pantalone, ab. Eine zweite Bruchzone ist der Schultergürtel, dessen oft besonders geförderte muskuläre Überentwicklung als eines der Männlichkeitsattribute gilt; und gerade in diesem Bereich befinden sich, worauf wir bereits hingewiesen haben, die am schwierigsten zu beseitigenden Verspannungen, wie der Krawattenknopf zeigt, der den Kragen zuschnürt. Der abendländische Mensch ist eine gegürtete Persönlichkeit, und mit dieser völlig unphysiologischen Aufmachung wird an den Kampf erinnert, den er gegen sich selbst führt. Ein befreiter Mann würde in seinem Körper ohne jede muskuläre Fessel einwohnen, folglich auch ohne einen durch die Kleidung hervorgehobenen Einschnitt. Wahre Noblesse kann zwar in einem Kleidungsstück sichtbar werden, doch müßten eigentlich die antike Toga und die Sandalen dem Smoking und den Schuhen vorgezogen werden. Sogar in unserer Zeit des großen Vergessens erinnert man sich noch daran, indem die Toga das traditionelle Kostüm der Stimmgewaltigen geblieben ist: Universitätsprofessoren, Magistraten, Advokaten, Prediger ... Man sollte darüber nachdenken ... und darauf zurückkommen.

Alles in allem beweist die stimmliche Entwicklung vom Kind über den Adoleszenten bis zum Erwachsenen, daß Leib, Seele, Geist in einem geschlossenen System innig ineinander verschachtelt sind. Falls es eine Pforte zu diesem System gibt, wäre der Schlüssel dazu, so meinen wir, grundsätzlich physiologischer Art. Das muskuläre Gedächtnis des Körpers stürzt, sobald es einmal angekratzt ist, die frühere Ordnung des Innenlebens um: Das wahre Wesen geht daraus hervor, das andere Wellen aussendet; unvermutete Veränderungen in der beruflichen Karriere werden möglich; nach einer durch Schwankungen geprägten Periode verstärkt sich die Stabilität im Charakter und im Verhalten; existentielle Probleme werden neu, konstruktiver und mit mehr Druck angegangen. Die Arbeit an der Atmung und an der Stimme löst gleichzeitig unerwartete neue Impulse spiritueller und philosophischer Art aus. Der Mensch wendet sich ganz natürlich wieder dem Wesentlichen zu, das in ihm ist: Durch eine fortwährend erneuerte und vertiefte Reise nach innen lernt er, *sich zu erkennen, um das Universum und die Götter kennenzulernen,* um mit Sokrates zu sprechen. Er folgt dem Weg der Verinnerlichung mit allen seinen Sinnen; er wird dazu ermuntert, sie zu akzeptieren, sie auf der animalischen Ebene in Harmonie mit dem Mentalen zu leben. Er versucht, durch Erforschung und Erprobung aller seiner Möglichkeiten bis ans Ende seiner selbst zu gehen. Als Künstler an sich selbst gibt er das Forschen auf, um sich der Entdeckung zu widmen, denn er hört nicht mehr auf, Schlüssel zu finden und Türen zu öffnen. Die erste führt zur Auflösung, die folgende zur Reintegration, und, falls es sich überhaupt mit Worten formulieren läßt, eine der Pforten ist die zur großen Stille, worauf noch eine letzte kommt, die der Öffnung zum ganz Anderen.

KAPITEL 3

Analysieren, konstruieren und harmonisieren durch die Stimme

Die beste Medizin bestünde darin, den Patienten wieder auf den Weg eines aufrechten Ganges zu bringen. Doch eine solche Haltung würde seitens der Wissenschaft die Anerkennung der Wirklichkeit dieser spirituellen Ebene des Menschen, dieses essentiellen Seins in ihm, seiner göttlichen Berufung voraussetzen.

ANNICK DE SOUZENELLE,
Die Symbolik des menschlichen Körpers

Einführung

Als beste Beschreibung der Arbeitsmethode an der Stimme wollen wir Schritt für Schritt einem Schüler folgen, der zum erstenmal einen Kurs besucht. Wer kommt an unsere Sitzungen und weshalb? Der eine wird beispielsweise wegen Atmungsproblemen vom Arzt geschickt. Ein anderer ist auf der Suche nach sich selbst. Noch ein anderer benötigt seine Stimme im Beruf, etwa um zu lehren oder Vorträge zu halten. Aus der Vielfalt der Motive läßt sich ersehen, daß sich diese Methode an alle wendet, auch an Menschen, die gerne singen möchten und die sich einer viel längeren Arbeit an der Stimme unterziehen müssen. Die üblichen Schüler kümmern sich nämlich überhaupt nicht um ihre Stimme, während die «Sänger» ausschließlich nur an sich denken, ihre ganze Willenskraft für ihr Ziel einsetzen und dadurch unbewußt ihre persönliche Entwicklung bremsen. Damit man wirkliche Fortschritte macht, empfiehlt es sich, die Stimme so zu nehmen, wie sie aus dem Mund kommt, ohne sich müßige Fragen über ihre ästhetische Qualität zu stellen. Die stimmliche Wahrheit ist wichtiger als alles andere. Schönheit kommt später. Die Ethik kommt vor der Ästhetik.

Unabhängig von den Beweggründen wird der Kandidat immer zuerst zu einem Gespräch empfangen. Man muß wissen, wer er ist, die von ihm verwendeten Wörter interessieren aber den Stimmbildner kaum. Bisweilen spricht zwar der Schüler von seinen Zukunftsplänen, doch das Gespräch dient vor allem dazu, sein energetisches und physiologisches Verhalten, insbesondere seine Atmung, zu beobachten, abzuklären, wie groß seine Angst ist, die starken Seiten und die Achillesfersen seiner Persönlichkeit zu erkennen: Wie ist er gebaut? Auf welchen falsch aufgebauten Grundlagen beruht sein Wille, sich anderen gegenüber zu behaupten?

Das Gespräch wird sitzend abgehalten. Dann *erhebt sich der Schüler* zu einem Lesetest, wobei es dem Zufall überlassen bleibt, ob er Dürckheims Buch *Hara – die Erdmitte des Menschen* oder Herrigels Werk *Zen in der Kunst des Bogenschießens* öffnet. Wie alle Werke von universeller Tragweite haben diese Bücher eine bemerkenswerte Eigenschaft, die von Jahr zu Jahr bestätigt wird: In neun von zehn Fällen, in denen ein Kandidat das Buch aufs Geratewohl öffnet, stößt er auf eine Stelle, die ihn persönlich betrifft, weil sie das Problem behandelt, das er zu lösen hat.

Der Lesetest besteht aus zwei Phasen: Zuerst liest der Kandidat sich selbst überlassen, so wie er gewohnheitsmäßig liest, ohne daß korrigierend eingegriffen wird. Bei dieser Übung wird die Statik des Vorlesenden, insbesondere seine Wirbelsäule sichtbar. Anschließend fordert man ihn auf, ohne daß am spontanen Lesen etwas geändert wird, lauter zu sprechen, damit man seine Atmungs- und Energiereflexe beurteilen kann: Löst sich die Energie von ihrer Basis, indem sie sich nach oben ausbreitet und die Stimme zu überhohen Klangfarben mitreißt, so bedeutet das, daß der Reflex verkehrt ist. Verinnerlicht sie sich hingegen zu tiefen Tönen, so bestätigt sie, daß der Reflex trotz seiner unvermeidlichen Mängel grundsätzlich gesund ist.

Jetzt muß man auf die Statik des Vorlesenden einwirken, indem man versucht, sein «stimmliches Schwerezentrum» ins Wanken zu bringen: Durch Eingriffe am Kopf, an den Schultern oder in verschiedener Höhe an der Wirbelsäule versucht der Praktiker wie in den Kampfsportarten, die Kraft des anderen so zu nutzen, daß er von selbst ins Ungleichgewicht kommt und die Logik der Atem-Ton-Beziehung korrigiert. Da sich seine Stimme in diesem Augenblick verändert, muß man versuchen, ihn so weit zu bringen, daß er sie hört und spürt, was sie werden sollte und wird. Nach Abschluß dieser ersten Begegnung kennt man die Möglichkeiten und entwickelbaren Fähigkeiten des Körpers dieses Menschen.

Bei solchen Arbeitssitzungen über die Stimme begegnet man nie zwei identischen Fällen; für jeden neuen Schüler muß man wieder voll verfügbar sein; nur durch nie erlahmende Aufmerksamkeit läßt sich feststellen, was an seinem für ihn charakteristischen Funktionsschema von einer Idealvorstellung über die menschliche Vertikalität abweicht, inwiefern die Art, wie er den Atem hervorbringt und ausstößt, anders ist, als es sich bei anderen Menschen beobachten läßt. Dieses wahre Schema würde ein zweibeiniges Lebewesen zeigen, das im Boden verankert ist und wirklich aufrecht steht, wobei dank der soliden Verankerung im Boden der obere Körperteil wirklich frei wäre. Diese Verankerungs- und Stehweise des körperlichen Gehäuses ist bei allen von uns ähnlich, und für jeden

Ausbildner, der sich für die Arbeit an der Stimme interessiert, ist es wesentlich, daß er sie sich fortwährend vergegenwärtigt, damit er beim Gesangskandidaten die zu korrigierenden Konstruktionsmängel erkennt.

«Korrigieren» bedeutet nicht, mit Gewalt, sondern eher bremsend einzuwirken: Der zu behandelnde Mensch (der jedes Eingreifen als künstlich empfindet) ist in das wahre Schema zurückzuversetzen, auf das er hinstreben muß, gegen das er sich aber infolge seiner Spannungen und Gewohnheiten wehrt, wodurch er unmerklich in seiner richtigen Haltung schwankend wird. Sein Körper registriert bis dahin unbekannte Empfindungen, die er integriert und in der Folge reproduziert; er beginnt noch nie gehörte Töne auszusenden, die sein Ohr aufnimmt und die er später abermals hervorbringen kann.

Sobald der Lesetest alle dank ihm möglichen Hinweise vermittelt hat, beginnt die Arbeit an der Singstimme. Mit der Sprechstimme befassen wir uns nur von Zeit zu Zeit, um uns zu vergewissern, daß die stimmliche und physiologische Persönlichkeit heranreift. Im Rahmen einer Gruppenarbeit (Praktika an drei Wochenenden, über neun Monate verteilt) beispielsweise ist eine Übung mit der Sprechstimme am Anfang vorgesehen. Durch diesen Test läßt sich erkennen, wie weit die Stimme herangereift ist und was sie bisher zugelegt hat. Das bildet die Plattform, die Abschußrampe für die künftige Entwicklung.

Man ersieht daraus, ob Atem und Ton jetzt vollkommener beherrscht werden. Zusätzlich läßt sich auch eine Entwicklung in der Tiefe, in der Unerbittlichkeit und in der Nüchternheit der Botschaft erkennen, ebenso bei der vibratorischen Wahrheit der Kommunikation und den physiologischen Veränderungen[12].

Das Prinzip dieser Arbeit besteht darin, den Schein zum Verschwinden zu bringen und durch Sein zu ersetzen; man muß lernen, bei der Kommunikation sich selbst und folglich den anderen gegenüberzustehen. Am Anfang sprechen fast alle Schüler, wenn sie der Gruppe vorgestellt werden, eher von oberflächlichen Dingen; sie sagen irgend etwas, um sich dieser Aufgabe zu entledigen. Im gleichen Maße, wie die Arbeit am Instrument vertieft wird, verändert sich auch das Reden: Die Teilnehmer gehen sich selbst auf den Grund und sagen in aller Ruhe das Wesentliche. Auf sichtbare und hörbare Weise ist es etwas anderes als der konkrete Mensch, das spricht und singt. Beim Sprechen, Lesen oder Singen bemüht sich der Schüler nicht mehr, seine Stimme unter Kontrolle zu halten. Er wird im Gegenteil von etwas beherrscht, nämlich von seiner Stimme, seinem Weg.

Nach ersten Improvisations- und Leseübungen, welche die Probleme aufzeigen und Lösungsmöglichkeiten andeuten, entstrukturiert und restrukturiert gleichzeitig die Arbeit an der Singstimme, indem sie, wie bereits angetönt, auf die sieben Chakren einwirkt. Wir wissen bereits, daß auf der Stufe der beiden ersten die Lebenskraft ihren Sitz hat. Die Chakren 3, 4 und 5 (das letztere in der Gurgel lokalisiert, am Ort, wo Atem und Stimme nur schwierig durchkommen) sind mit der Affektivität verbunden, während 6 und 7 Brennpunkte des spirituellen Lebens sind[13]. Die großen Probleme stellen sich immer auf der Stufe der gesprochenen Stimme, die unmittelbar mit den Affekten verbunden ist, also in dieser Zwischenzone 3/4/5 des Brustkorbs und der Stimmbildungssysteme. Am Chakra 5, das muß noch einmal betont werden, ist es am schwierigsten «vorbeizukommen». Es handelt sich um eine strategisch wichtige Stelle, von der aus die gesamte Harmonisierung des Seins gesteuert wird: Der Stimmbildungsapparat ist in eine eigentliche Würgeenge eingeschlossen, genau an der Stelle, wo die Vertikalität des Körpers (die Wirbelsäule) und seine im Raum durch die Linie Schultern–ausgestreckte Arme materialisierte Horizontalität zusammentreffen. Das Chakra 5, durch welches der Atem hindurchgeht, das die Kraft in Druck umwandelt und die Muskelarbeit in Schwingung, liegt genau in der Kreuzung der Achsen, wo waagrecht und senkrecht in der menschlichen Geometrie im Gleichgewicht sind.

Die ganze Arbeit am Atem und an der Stimme besteht darin, daß die Spannungen affektiver Herkunft, die den oberen Teil des Körpers blockieren, befreit werden: Rückgrat, Brust, Schultern, Nacken, Kiefer. Diese gesamte parasitäre Energie, welche von der Angst vor allem in der Wirbelsäule angehäuft worden ist, muß befreit werden, damit sie im Hara schwingt und dort mit der Lebensenergie zusammentrifft, von der sie sich mehr oder weniger abgelöst hat. Diese Rückkehr zur Erde, die dazu beiträgt, das menschliche Kreuz richtig einzupflanzen und einzuwurzeln, ermöglicht es, diese Energien von einer stabilisierten und gefestigten Statik her neuaufzubauen.

Der «mittlere Abschnitt» der Chakren 3, 4 und 5, welcher das Werden des eigenen Seins behindert, erinnert mich an eine nicht mehr gebrauchte Sanduhr, deren kleine Sandkörner im oberen Teil des Gefäßes hängengeblieben wären. Diese Stagnation blockiert die gesamte Entwicklung in Richtung des Spirituellen. Die Arbeit an der Singstimme zielt darauf ab, die mittlere Einengung zu reinigen, um die «enge Pforte» wieder durchlässig zu machen, wodurch das untere Glas der Sanduhr seine ursprüngliche Funktion zurückerhält.

Den oberen Teil entstrukturieren, um den unteren Teil zu *füllen* – das ist das Prinzip dieser Methode. Der im oberen Glas blockierte Sand entspricht den eingefangenen und abgelenkten Energien, die in ihr Aufnahmegefäß zurückzubringen sind, damit sie wieder in eine Schwingbewegung versetzt werden können. Der Vergleich mit der Sanduhr zeigt, daß eine echte und starke Persönlichkeit nicht ohne Auflösung der fabrizierten Persönlichkeit, ohne Reinigung des Ego, neu aufgebaut werden kann: Der obere Teil der Sanduhr wird, sobald er von allem befreit wird, was den Durchlaß versperrte, für eine andere Verhaltensweise verfügbar − alle Emotionen akzeptieren und sie leben, ohne sich von ihnen überfluten zu lassen.

Eine andere Formulierung für diesen inneren Kampf, der bisweilen viel Ähnlichkeit mit dem Spiel der Musikstühle hat: Es ist nicht möglich, Mister Hyde sterben zu lassen, ohne Doktor Jekyll an das Kopfende seines Bettes zu rufen. Früher versperrte Mister Hyde Doktor Jekyll seine Türe. Es war die Zeit, als er sich «wohl fühlte». Jetzt, da er sich krank fühlt, erlaubt er es dem Doktor Jekyll, nach Lust und Laune bei ihm vorbeizukommen. Der Mann der Kunst hat endlich sein Feuer und seinen Ort wiedergefunden. Er atmet und lebt besser, je mehr sich der andere im Bett hin und her wirft und in den Todeskampf eintritt. Im Hause beginnt eine Zeit schwankender Ereignisse: Im gleichen Augenblick, da der Mieter seinen letzten Seufzer von sich gibt, zögert der Hausbesitzer, Doktor Jekyll, diesem neuen Menschen, der in das Haus einbricht und ihn bittet, von jetzt ab seine eigene Wohnung in Besitz nehmen zu dürfen, sein Vertrauen zu schenken

Doch Hyde hat eine dicke Haut. Er wehrt sich verbissen und offensichtlich nicht gutgläubig, was Doktor Jekyll laut herauslachen läßt.

So präsentieren sich auch die Schüler bisweilen an den Sitzungen; sie sagen von sich, sie seien *entleert*. Die Laute, die sie von sich geben, beweisen, daß sie tatsächlich eine außergewöhnliche *Form* angenommen haben − ein Zeichen, daß sie sich noch nicht *erkannt haben*[14]. Sie sind noch erschöpft wie Mister Hyde. Unversehens sieht und hört man, wie sich ihre Logik, ihr Verhalten, ihre Redeweise verändern: Sie sind für diese *Präsenz* in ihnen sensibilisiert, mit der sie sich bis dahin nicht identifizieren konnten und die sie meistens für völlig neue Beschäftigungen humaner, psychologischer und spiritueller Ordnung öffnet. Solche Mittelpunkte ihres Interesses enstehen aus der Tiefe ihres Seins, und zwar aus einer Art innerer Notwendigkeit, die sie sich nicht erklären können und im übrigen auch gar nicht erklären wollen, weil sie gelernt haben, solche Bestrebungen anzunehmen, ganz einfach anzunehmen. Die Motivierungen, die sie von jetzt ab beseelen, gehen nicht mehr aus einer intellektualistischen Anstrengung hervor. Sie haben einen anderen Ursprung.

Stimmliche Wahrheit, Wahrheit des Körpers

Wie schon angedeutet, läßt sich diese Methode auf alle Menschen anwenden. Das Arbeitsprinzip ist für alle dasselbe, von wenigen Nuancen abgesehen, die auf die physiologischen und psychologischen Unterschiede zwischen Frauen und Männern zurückzuführen sind. Doch die von den Neulingen durchlaufenen Wege gleichen sich nie. Mehr noch: Ein Schüler erlebt nie zwei gleiche Sitzungen. Diese in ständigem Wandel begriffene Arbeit läßt keine Verschnaufpause zu, ebensowenig ein Abgleiten in eine Routine.

Jede Sitzung beginnt mit einer Übung, in der eine Bilanz des bisher Erworbenen gezogen wird. Je nach den aus dem Test sich ergebenden Informationen fahren Schüler und Lehrer bei ihrer Arbeit fort, wobei sie versuchen, die festgestellten Lükken zu füllen. Dieser Einsatz erfordert seitens des Bildners sehr viel geistige Beweglichkeit und eine nicht einmal für einen Sekundenbruchteil erlahmende Wachsamkeit. Je nach den Tönen, die sein Schüler von sich gibt, und der entsprechenden Körperhaltung muß er jederzeit verfügbar sein, bereit, augenblicklich in jeder beliebigen Richtung einzugreifen, jede sich anbietende Gelegenheit zu nutzen, um die Suche nach Atem, nach Tönen und nach Sinn fortwährend zu vertiefen.

Daß eine plötzlich sich anbietende Gelegenheit nicht ergriffen wird, kann schwerwiegende Folgen haben: Sie bietet sich wahrscheinlich erst nach langer Zeit wieder an. Der Bildner muß somit sehr rasch handeln.

Die immer wieder neuartige Arbeit ist deshalb so faszinierend, weil jeder Teilnehmer ein ganz anderes Instrument darstellt, das aber unabhängig von der Persönlichkeit, der Sprache, der Nationalität, der Kultur des Sängers nach einem Atem-Ton-Prinzip universeller Ordnung funktioniert[15]. Ein Traum jedes «Meister-Sängers» wäre es, eines Tages wirklichen Zwillingen Stimme zu verleihen: Endlich zwei gleiche Instrumente, zwei parallele Atemweisen und zwei ähnliche Töne mit einem einzigen Werdegang, den man gemeinsam durchlaufen hat.

Von dieser eben erwähnten Hypothese abgesehen, gibt es nie zwei Stimmen, die sich am Ende des Prozesses gleichen. Die Stimme, die der Schüler schließlich hat, ist in keinem Fall das Ergebnis eines von außen durch vom Lehrer gesetzte Normen gesteuerten Prozesses, wie es im allgemeinen nach beinahe allen Gesangkursen der Fall ist. Die hier vorgeschlagene Methode, das dürfte dem Leser klar geworden sein, zielt nicht darauf ab, den Schüler einem *a priori* zusammengebrauten und vorbestimmten ästhetischen Kanon zu unterziehen; wir versuchen im Gegenteil, ihm eben die Stimme zurückzugeben, welche die Natur ihm gegeben hat. Es zeigt sich, daß diese Stimme, seine Stimme, schön und großartig ist, eine wirkliche Opernstimme. Eine vom Menschlichen her gesehen beruhigende Feststellung: Es kommt nie eine häßliche Stimme heraus, wenn jemand zu seiner grundlegenden stimmlichen Wahrheit findet. Die Eingriffe des Pädagogen begnügen sich damit, den Schüler auf dem Weg zu dieser Wiederherstellung des ursprünglichen Zustands zu begleiten, nicht ihm neue Halseisen anzulegen.

Um welche Wahrheit geht es aber? Die stimmliche

Wahrheit eines jeden von uns ist abhängig von unserer je eigenen Physiologie, Psychologie und Spiritualität. Wir alle müssen sie auf eine geeignete Weise suchen. Trotz einer gewissen Typologie, in der verschiedene Profile von Persönlichkeiten zusammengefaßt werden können, läßt sich sagen, daß dieses Vorgehen nie in allen Einzelheiten zweimal genau gleich ist. Es ist auch nie vollständig mitteilbar.

Neben anderen Typen von stimmlichen Persönlichkeiten sind die «Hysteroiden» zu erwähnen, die man vor allem unter weiblichen Temperamenten findet.

Diese mit einer vulkanischen Lebenskraft ausgestatteten Menschen blockieren ihre Energie im Kehlkopf und kehren sie durch den Ton gegen sich selbst. Da der Stimmapparat bei ihrem Verhalten eine bestimmende Rolle spielt, sind sie fortwährend störenden Tönen ausgesetzt. Obwohl sie durchaus imstande sind, ihre Lebenskraft sexueller Ordnung im Hara zu suchen, haben sie im Chakra 5 eine Sperre aufgebaut, die man Stück für Stück fortschreitend abbauen muß. Diese Grabarbeit dauert um so länger, weil viele von ihnen beharrlich eine mentale Tarnung aufgebaut haben, die ihnen – auf der intellektuellen Stufe – eine Art relativer Ruhe verschafft, der sich jedoch der Körper entschieden widersetzt.

Zu einem anderen Typ gehören die Menschen, die ihre Stimme bei den tiefen Harmonien blockiert haben, um die Kraft, die sich in ihnen äußert, abzuwehren. Wieder andere besitzen diese Kraft, wagen es aber nicht, sich ihrer zu bedienen: Man möchte fast sagen, irgend einmal in ihrer Kindheit hätten sie eine Drohung abwenden, eine furchtbare Gefahr einlullen wollen, um sich lebenslang vor ihr zu schützen. Das sind Menschen, die geweckt und enthüllt werden müssen. Ihre Kraft kann, sobald sie wiedererweckt ist, mit zunehmender Befreiung in den Wiederaufbau und die neue Harmonisierung ihres Wesens eingebracht werden.

Zwei infolge der Reaktivität ihrer Wirbelsäule sehr unterschiedliche Typen lassen sich noch aufzeigen. Bei den einen ist das Rückgrat verhärtet, an gewissen Stellen verknotet. Diese Fälle sind verhältnismäßig einfach zu behandeln, denn man steht einer gut fundierten und lokalisierten Kraft gegenüber, die sich durch geeignete Techniken abwenden, lenken und ablösen läßt. Bei den anderen ist das Rückgrat zugleich kraftvoll und geschmeidig. Vom Energetischen her gesehen ist es die Geschmeidigkeit eines Schilfrohrs. Behandelt man eine Spannung an einer bestimmten Stelle, so flieht sie an einen anderen Punkt und so fort, von einem Ort zum anderen. In einem solchen Fall reicht es nicht aus, daß die Spannungen abgeleitet werden. Man muß gleichzeitig darauf achten, daß eine Kohärenz, eine Kontinuität wiederhergestellt wird.

Unabhängig von einem bestimmten Persönlichkeitstypus begegnet man in unserem jüdisch-christlichen Kulturkreis häufig einem Grundtabu: die Furcht, die Sexualität zu wecken und diese Schlange zu reizen, die von den Orientalen *kundalini* genannt wird. Es handelt sich um eine Kraft, die am unteren Ende der Wirbelsäule in sich eingerollt ist, die sich aber unter dem Einfluß der Atmung und durch die Einwirkung jedes einzelnen Chakra, das die geweckte Schlange erreicht, Schritt auf Schritt, Wirbel nach Wirbel entrollen und vertikal bis über die Fontanelle hinaus aufsteigen kann. Der Äskulapstab, die abendländische Version desselben Symbols, ist vielleicht noch deutlicher: Die Wirbelsäule wird durch einen Stab dargestellt, wodurch Mensch und Baum einander angenähert werden. Doch dieses in der Erde wurzelnde Wesen ist zum Himmel berufen: Der Stab ist mit Flügeln ausgestattet. Und die Schlange hat eben ihr Gift in einen Becher am oberen Ende des Stabes gespien. Das bedeutet, daß das Gift zu einem Heilmittel wird, die Schlange zu einem Vogel, die sexuelle Energie zu spiritueller Selbstverwirklichung und der Baum zu einem menschlichen Wesen, das endlich seine Fülle erlangt hat. Eine zweite Schlange kann dann in der Gegenrichtung der ersten längs der inzwischen gereinigten und in Gold verwandelten Achse absteigen; die Kommunikation zwischen den beiden Richtungen, zwischen den beiden Polaritäten Yin und Yang der traditionellen chinesischen Medizin ist dauerhaft wiederhergestellt.

Im profanen Bereich wird die Angst vor dem Feuer-Schlange-Verhältnis auf verschiedene Weise dargestellt: Entweder wendet der Sänger diese Kraft sexuellen Ursprungs gegen sich selbst, indem er seine Stimme erstickt und seinen Körper verleugnet; oder er empfindet bei der Hysterie nahestehenden Verhaltensformen seine Sexualität als störend, auch für seine Stimme; oder aber er ignoriert diese von den beiden ersten Chakren ausgehende Energie vollkommen und leitet sie nach oben ab, wo ein bereits ausführlich beschriebenes System von Spannungen eine Verstopfung bewirkt.

Im Sakralbereich[16] in der katholischen Gesangstradition stellt man fest, daß die Umkehrung des symbolischen Sinns der Schlange, die jetzt mit den fleischlichen Sünden und den sexuellen Verboten gleichgesetzt wird, mit dem schrittweisen Niedergang des gregorianischen Chorals zusammenhängt. In den Mönchsgemeinschaften zielt der Sakralgesang nur mehr auf den oberen Teil des Körpers ab; der Rest wird in die äußere Finsternis geworfen. In dieser Hinsicht ist der gregorianische Gesang eine völlige Verirrung, eine häufige Ursache für Gesundheitsprobleme im Bereich der Atmung, der Statik und der Stimme.

Vielleicht ließe sich eine Parallele zwischen dieser Überhöhung der Stimmen und dem Übergang von der romanischen Architektur zum gotischen Stil aufzeigen. Die erstere mit ihren gedrungenen Formen, wie sie vor allem in den Rundbögen zum Ausdruck kommen, erweckt immer den Eindruck, daß sie einen natürlichen und notwendigen Kontakt zum Boden wahrt. Der gotische Stil erstaunt in seinen waghalsigsten Werken durch die Spannung in der Vertikalen. Falsch betrachtet oder falsch gedeutet könnte sie zu einem Beten führen, das den Körper für nichtig hält und nur auf den aufstrebenden Pfeil des Glockenturms blickt.

Um unser Ideal einer *richtigen Mitte* bei der Interpretation des gregorianischen Gesangs zu stützen, müsste man die gotische Kathedrale mit vollem Bewußtsein von *unten bis oben* neu betrachten: Zuerst die Krypta erforschen, dann die Strebebögen, die Mauern, die Säulen, die Vierungen prüfen, bevor man die Fülle von Skulpturen im Inneren und Äußeren entdeckt, die flammenden Fenster, und zuletzt das Gebälk und das Dach genau ansieht. Die oberste Spitze des Gebäudes würde eine letzte Übersteigung bedeuten; sie ist eine Achse, kein Axiom.

Weder die Spezialisten des gregorianischen Gesangs noch die ihm gewidmete Literatur erwähnen eine Gesangstradition, die den heutigen Zustand rechtfertigen würde. Es gibt zwar viele Untersuchungen über die kulturelle Tradition und den Stil dieses Gesangs, aber anscheinend in keinem einzigen alten Werk Hinweise auf die Gesangspraxis.

Man muß deshalb zum Schluß kommen, der zeitgenössische Gesangsstil sei der Widerhall einer verfälschten Tradition, habe also nichts mehr mit der ursprünglichen Inspiration und ihren anatomisch-physiologischen Grundlagen zu tun: Ich kann mir kaum einen braven mittelalterlichen Mönch, Bauer, Baumeister oder Künstler vorstellen, der die gregorianischen Choräle mit einer heutigen Stimme singen würde. Das ist indiskutabel. Die heutige Praxis des Sakralgesangs, die aus einer intellektualisierten Betrachtung und einem Willen, den Körper zu verleugnen, hervorgegangen ist, hebt künstlich die hohen Stimmlagen hervor und zwingt dadurch die Sänger, die unteren Teile ihres Körpers zu zensurieren.

Es ist auch denkbar, daß diese Auffassung vom gregorianischen Gesang aus einer sehr eigenartigen religiösen Gesangstradition hervorgegangen ist, nämlich der der Kastraten. Der letzte von ihnen, von dem Aufzeichnungen erhalten geblieben sind, soll um die Wende vom 19. zum 20. Jahrhundert gestorben sein, also am Ende einer Epoche, in der man noch der Meinung war, weil den Frauen der Zugang zum Allerheiligsten verwehrt sei, dürften sie auch ihre Stimmen nicht in einer Kirche erklingen lassen. Das Problem ist deshalb so umgangen worden, daß junge Knaben kastriert wurden, wodurch ihre Sopranstimmen erhalten blieben. In dieser präklassizistischen und klassizistischen Epoche war es auch verpönt, daß Frauen Theater spielten: Ihre Rollen wurden «Männern» anvertraut. Man darf ruhig sagen, alle diese widernatürlichen Stimmen sind nicht nur unerträglich, sondern auch aufreizend. Nun stimmt es zwar, daß Frauen traditionellerweise nicht berechtigt sind, den Gottesdienst zu feiern (da sie Lebensspenderinnen sind, dürfen sie nicht opfern) oder sich an gewissen auf Männer ausgerichteten Initiationsriten zu beteiligen; sie sind aber umgekehrt durchaus imstande, die Eucharistie zu weihen und gewisse Würden wie etwa die Ritterschaft an andere Frauen und ... an Männer weiterzugeben. In einer von falschem Schein gereinigten Spiritualität der Zukunft finden Mann und Frau vielleicht ihre richtige, von ihrem Körper, ihrer Seele und ihrer Stimme bestimmte Stellung, so daß das religiöse Paar seinen Platz neben dem Mönch und der Nonne findet.

Für das mönchische Leben ist mit großer Wahrscheinlichkeit nicht zu fordern, daß die sexuelle Kraft ignoriert wird, sondern diese muß im Gegenteil akzeptiert und beherrscht werden, damit sie sublimiert werden kann. Ihr ausweichen zu wollen, ist eine Flucht, die den geistlichen Gesang seiner ganzen tellurischen Strahlungskraft beraubt. Die Wahrheit des spirituellen Gesangs findet sich in der christlichen Welt bei der

Orthodoxie – dort, wo die Wege zwischen Morgen- und Abendland einander kreuzen –, welche die Entfaltung des Körpers in der Spiritualität oder der Spiritualität im Körper akzeptiert.

Der Hesychasmus, das Gebet aus dem Herzen, der auf der unermüdlichen Wiederholung eines *Mantra*, harmonisch verbunden mit der Beherrschung der Tiefenatmung, aufbaut, ist ein Zeugnis, falls ein solches benötigt würde, für diesen Einklang, den die Spirituellen der Ostkirchen suchen. Ebenso ist auch der jüdische Gesang heiter und ausstrahlend, ganz nach dem Vorbild gewisser sehr «physischer» Gebetspraktiken, die man vor allem bei den Chassidim antrifft.

Die fernöstlichen Gesänge hingegen scheinen aus der Tiefe der Erde zu stammen, eigentliche Kathedralen ohne Glockenturm, während der gregorianische Gesang den Eindruck eines Glockenturms ohne Kathedrale, ohne Fundamente, ohne Zustrom aus der Erde erweckt. Wenn das menschliche Sein definiert ist als vertikales Sein, das durch die Stimme kommuniziert, dann muß der Gesanglehrer daran erinnern, daß es keine wahre Vertikalität ohne Verwurzelung in der Erde und Ausblick in den Himmel gibt. Die traditionelle chinesische Medizin und eine weltweit verbreitete Symbolik stellen das Menschenwesen als Mittler zwischen der Erde und dem Himmel dar. Fest mit den Füßen auf dem Boden verankert, singt der Mensch stehend, und sein Gesang schwingt sich auf, sein Gesang erhebt ihn, macht ihn zu dem nach oben strebenden Jünger[17]. In ihm entrollt sich, aus der Tiefe kommend, langsam die Schlange. Dieses Feuerreptil ist nicht mehr das Tier der Sünde.

Lesen am Körper, Spiel der Harmonien und Klanggebung

Zwar wurden einige von vielen Typen stimmlicher Persönlichkeiten sehr ausführlich beschrieben, doch wesentlich an dieser Arbeit ist offensichtlich nicht eine Klassifizierung, die von Anfang an jeden Schüler in die ihm zustehende Kategorie einteilt. Jeder Fall ist ein Einzelfall; er erfordert gleichzeitig
- ein aufmerksames Lesen an seinem Körper;
- ein Hören auf die Art, wie er seine Stimme gebraucht;
- eine genaue Abklärung der physiologischen Funktionsstörungen,

die vom Schema abweichen, das die dynamischen Beziehungen zwischen dem Zentrum, der Verankerung im Boden, der aufrechten Haltung und den sich überkreuzenden Spannungen bestimmt.

Aus dem Ton läßt sich das *stimmliche Schwerezentrum* aufdecken, dessen sich der betreffende Mensch bedient; dadurch kann man ihn dazu bringen, es Schritt für Schritt zu verlassen, um sein wirkliches Zentrum, das Hara, zu reintegrieren.

Die Lage des *stimmlichen Schwerezentrums* ist symbolisch für die Art, wie der Sänger seine Energien einsetzt. Aus diesem energetischen Verhalten lassen sich die Spannungszonen erkennen, läßt sich auch eine befriedigende Entspannung im oberen Teil des Körpers erwirken, mehr Kraft finden, indem man tiefer zum Hara vordringt, und von da aus eine echte aufrechte Haltung wiederherstellen, indem man den Ton i ausnützt.

Die zugleich und jederzeit diagnostische und therapeutische Methode gründet auf sehr präzisen Parametern. Ihre Besonderheit und Originalität, die auf den ersten Blick befremden, beruht jedoch auf Prinzipien universeller Ordnung: Die Arbeit am menschlichen Instrument, die über die Singstimme geleistet wird, versucht eine echte Mischung von tiefen und hohen Tönen zu erreichen und dauerhaft zu erhalten, indem sie sich neben anderen Werkzeugen der Vertikalität des i, der Rundheit des o, des Mantra je-ji-ju-ja und des Arpeggio bedient. Sobald der Gesang sein inneres Werk begonnen hat, braucht man nicht mehr auf die Sprechstimme zurückzukommen: Diese verändert sich unwahrnehmbar, ohne Wissen des Schülers, gleichzeitig mit dem Körperinstrument.

Wie schon angedeutet wurde, ist es möglich, die gewohnte Stimme des Sängers innerhalb einiger Sekunden umzumodeln, um ihm zu zeigen, was aus ihr werden könnte, wenn sie verinnerlicht würde. Falls der betreffende Mensch versuchen sollte, diese Erfahrung sogleich auszunützen, so würde er einen Sturz riskieren, weil sich sein Schwerezentrum brutal verschiebt. Ein schrittweises Vorgehen drängt sich deshalb auf. Jeder Versuch, diese neue Stimme schlagartig durchzusetzen, wäre ungeschickt, weil sie subjektiv noch stärker fabriziert und künstlich als die bestehende empfunden würde. Der Sänger braucht Zeit, um sich wiederzuerkennen, um sich wirklich wiederzufinden.

Die Sing-, später die Sprechstimme verändern sich also allmählich im gleichen Rhythmus, wie die Akkorde wechseln, der Atemreflex gesundet, eine tiefe Ruhe stellt sich ein, die Spannungen mildern sich. Indem die Stimme sich verändert, entwickelt sich die Persönlichkeit als Ganzes zu mehr Transparenz: Der Schüler wird selbstbewußter und urteilsfähiger, sowohl sich selbst gegenüber als auch im Hinblick auf andere.

Nach dem Lesen am Körper ist es notwendig, daß man sich der Zusammenhänge zwischen den tiefen und den hohen Harmonien klar bewußt wird. Die Methode ist ganz darauf ausgerichtet, daß jeder Schüler das richtige Verhältnis zwischen den tiefen und den hohen Tönen findet. Man nimmt üblicherweise schematisch an, daß die tiefste Note zu neunzig Prozent aus tiefen und zu zehn Prozent aus hohen Tönen besteht. Bei der höchsten Note ist es genau umgekehrt. Die anderen Noten bestehen aus einem gleich bleibenden und wohl ausgewogenen Gemisch der beiden Harmonien.

Diesem Spiel zwischen Harmonien entspricht ein anderes, und zwar zwischen Energie und Richtung oder zwischen Kraft und Urteil. Die Kraft hängt mit den tiefen, die Richtung mit den hohen Harmonien zusammen. Die Kraft des Schreis, des stimmlichen Kerns, ist sehr verworren. Es handelt sich um den Schrei des Kleinkindes. Dieser kleine Mensch kann, weil er noch kein menschlicher Bogen ist, sich nicht strecken, um seinen Pfeil abzuschießen. Man muß deshalb beim Erwachsenen zuerst diese ursprüngliche Kraft eindeutig festlegen, indem man sie in den beiden ersten Chakren sucht oder sie dort ansiedelt, worauf man sie in einer immer präziseren Richtung konzentriert – die Pfeilspitze beim Bogenschießen –, die bei der Stimme dem i entspricht. Der Sänger wird, so gesehen, versuchen, immer mehr i und immer mehr konzentrierte Kraft zu erlangen. Die Arbeit des Stimmbildners besteht darin, daß er die ihm anvertrauten Menschen zentriert, indem er sie in ihre Mitte, in den Kern ihres Seins, hinuntersteigen läßt. Dieses Zentrum läßt sich mit der Nabe eines Rades vergleichen; die vielen Speichen, die von ihr ausgehen, stellen ebenso viele individuelle Möglichkeiten – worunter den Gesang – dar, der hier nicht privilegiert werden soll. Wir glauben aber, daß der Sänger, der bereit ist, diese Möglichkeit zu wählen, ein Künstler von großem Format werden kann – das heißt vor allem, ein Künstler in seinem Selbst, ein großer Interpret des in ihm sprudelnden Lebens.

Zur Aufmerksamkeit für die körperliche Statik und dem

Spiel der Harmonien zwischen Kraft und Richtung kommt eine richtige Verwendung der gesungenen Vokale. Alfredo Kraus, ein großer Tenor und Beherrscher der Stimmtechnik, hat sich verschiedentlich zu diesem Thema geäußert, insbesondere in einem von der Zeitschrift *L'Express* veröffentlichten Interview. Er erinnert daran, daß das i oben im Mund zwischen den beiden oberen Schneidezähnen nachhallt, das e vorne im Mund, das a ganz unten, in der Gurgel.

Aus dieser Erfahrung ergibt sich, daß das i der Ton der Vertikalität schlechthin ist, gleichzeitig Leitfaden, auf den man *schießen* muß, und *Pfeilspitze*, welche die Richtung des Tons zeigt. Wird das i um tiefe und hohe Töne bereichert, so vervollständigt sich dieser Vokal durch Schwingungen, die auf den ganzen Körper von Kopf bis Fuß ausstrahlen. Doch dieser Ton schafft nur schwer den Durchgang durch das fünfte Chakra (Kehlkopf). Beinahe immer muß man sich eines *runden* Tones wie des geschlossenen o[18] oder u bedienen, um das i rund in den Mund zu bringen, einzuführen, ohne daß der Unterkiefer sich verkrampft. Sobald aber der respiratorische Atem zu Druck wird, gibt es für die Vokale keine besonderen Plätze mehr: Alle Töne nehmen den des i ein.

Diese Umwandlung des Atems in Druck geschieht im menschlichen Körper gewissermaßen wie in einer Dampfmaschine. Auch in uns bewirkt ein verborgenes Feuer eine Zustandsänderung: Das Wasser wird Dampf; dieses Gas durchtränkt die gesamte Körperstruktur und konzentriert sich an einer bestimmten Stelle zu Energie, um Arbeit zu leisten. Der Zug setzt sich in Bewegung, die Lokomotive pfeift, der Mensch singt.

Im menschlichen Behälter muß, nachdem das Feuer entfacht worden ist, ein kräftiger und positiver Luftzug entstehen. Diesem Luftstrom muß anschließend durch Konzentration im Chakra 5 eine präzise Richtung gegeben werden. Dadurch wird die Dynamik aufgebaut, die notwendig ist, damit der Zug aus tönenden Noten, eben der Gesang, zu fahren beginnt. Doch der notwendige Druck wird nur erreicht, wenn der ganze Rumpf sowohl gefüllt als auch richtig zurechtgezimmert ist. Sobald die Kraft einmal in Druck umgewandelt ist, kommt die Stimme von ganz alleine heraus. Allerdings muß diese Kraft fortwährend geweckt, in Frage gestellt, unterhalten und verstärkt werden. Diese Aufgabe kommt der «Reise nach innen» zu, dieser gewissermaßen psychosomatischen Introspektion. Unsere Arbeitsmethode versucht eben gerade, den Schüler fortwährend in diese Aufgabe einzuführen. Man muß – idealerweise sekündlich – auf seinen Körper und seine Emotionen hören, sich der Suche nach aufrechter Haltung bewußt sein, während des ganzen Tages *in* seiner Atmung sein, also sich den Rhythmus, die Luftaufnahme und das Ausatmen bewußt machen; in seinem Körper leben, die fortwährende Anpassung an den Druck wahrnehmen, den das Wort, der Gesang, der eine Art Bogenschießen ist, oder das Schweigen von ihm verlangen.

Sobald diese Kraft in mir am Werk ist, ohne daß sie *meine* Kraft ist, kommt es mir vor, daß ich mich als zwischen zwei verschiedenen Personen befindlich empfinde: die eine gebückt, verschrumpfelt unter der Last der Arbeit oder der Krankheit, die andere sehr stark und völlig aufrecht, ironisch auf die Gefährtin hinunterblickend. Ich habe oft den Eindruck, die gebückte Person müsse jeden Tag ein wenig mehr sterben, um am Ende sich völlig aufzulösen. Die andere Person bleibt, und falls sie eines Tages dennoch verschwindet, wird etwas von ihr übrigbleiben.

Damit sind die letzten Ziele umschrieben, aber eine kleine Präzisierung drängt sich noch auf: Viele Leute funktionieren ihr ganzes Leben lang mit einer völlig verzerrten Energie – und sie werden dennoch sehr alt. Man darf unsere Gesangmethode nicht mit einem Elixier für langes Leben verwechseln. Sie könnte hingegen bewirken, daß sie den Menschen, der sich ihr weiht, dazu bringt, mehr Lebensqualität zu suchen. Doch keine Illusionen! Diese Art von Buch nützt Ihnen, lieber Leser, nichts, falls es nur zu Ihrem Geist spricht. Es wendet sich an Ihren Körper.

Alfredo Kraus hat völlig recht: Das a muß an die Stelle des e und das e an die des i verschoben werden. Die Stimme insgesamt läßt sich zu je-ji-ju-ja zusammenfassen, einem äußerst starken Mantra, dessen sich d'Arkor damals, als ich mich an ihn um Hilfe wandte, bedient hatte. Er selbst hatte es zweifellos von seinem ehemaligen Gesanglehrer übernommen. Er war sich völlig darüber im klaren, daß dieses Werkzeug äußerst nützlich ist, um eine Stimme zu verbessern, zu heilen, aber er hatte dessen ganze philosophische Tragweite nicht erkannt: je-ji-ju-ja enthält den Ton Jot (J), der oft als «konsonantisches i» bezeichnet wird. Man findet dieses Jot insbesondere in Vokabeln wie *Jahwe, Alleluja, Jeruschalajim ...*, und es spielt im Mantra der Stimme die Rolle des Leitfadens, der das Körperschema wiederherstellt. Es wird zuvorderst im Mund ausgesprochen und läßt sich mit der Spitze des waagrecht im gespannten Bogen liegenden Pfeils vergleichen, dessen Stellung im Augenblick des Abschießens und des Singens die erforderliche Krümmung des Bogens und die genaue Vertikalität des Körpers bestimmt.

Das ganze Prinzip der Stimme ist im je-ji-ju-ja eingeschlossen: Von einem Ton, der zu Beginn der Vertikalisierung ausgestoßen wird (je), geht der Sänger zum nächstvorderen Ton (ji) über, worauf er in diese Form das u oder das a bringt, offene Töne, die sich in der Decke über dem i befinden müssen[19]. Das a, der vollständigste und gefährlichste Ton der Stimme, ist das, was aus dem ganzen Mantra hervorgeht. In ihm muß sich der Reichtum der drei vorangehenden Töne gesammelt haben, bevor die ganze Arbeit gewissermaßen gekrönt wird. Im schulischen Gesangunterricht ist a der Ton, mit dem man die Schüler sich am meisten abplagen läßt ... Das ist eine Albernheit. A sollte erst nach langen Jahren der Arbeit vokalisiert werden, nachdem das Instrument wiederaufgebaut ist. A hallt auf der Ebene der Gurgel nach und erzeugt darin die gesamte Sprechstimme: Je nach Entwicklung eines Menschen seit seiner Kindheit wird jedoch dieser Vokal sehr verschieden behandelt. Ruhige und friedliche Menschen (ganz seltene Fälle) geben ihn ganz natürlich von sich, damit er sich mit dem i trifft; und jeder wirkliche Sänger geht nicht anders vor. Bei den anderen Menschen wird a auf Spannungen, Kontraktionen verwendet, die ihn in den untersten Teil der Gurgel ziehen. Dieser Ton, von dem man meint, er sei am leichtesten auszusprechen, ist in Wahrheit der gefährlichste, den es gibt.

Diese Klarstellung über die dem a innewohnenden Schwierigkeiten gibt mir Gelegenheit zu einem kleinen Exkurs. Der Leser muß auch auf diese unbewußten «Schüler» aufmerksam gemacht werden, die nach Teilnahme an bloß einigen Sitzungen, an einem Seminar über Gruppendynamik oder einigen Wochenendveranstaltungen meinen, sie könnten diese neuen Werkzeuge, die sie zu beherrschen glauben, nun einsetzen und sich fortan als Zauberlehrlinge betätigen.

Fast immer handelt es sich um Leute, die nach Macht oder Geld streben, vor allem nach Macht; sie haben begriffen, daß sich dank solcher Arbeit Überlegenheit über andere gewinnen läßt, indem man in diesen einen ungesunden Zustand physiologischer und emotionaler Störungen auslöst. Ein Werkzeug, gleichgültig welches, darf nur in Kenntnis der Sache verwendet werden, sonst wird es in den Händen von Unwürdigen oder Ungeschickten zu einer gefährlichen Waffe. Die Arbeit am Atem und an der Stimme ist eine Art Initiation. Der Gesanglehrer muß deshalb den Schüler durch mehrere aufeinanderfolgende Tode hindurchführen. Niemand, der nicht selbst akzeptiert hat zu sterben, kann einen Neuling in diesen Prozeß einführen und ihn unterwegs begleiten. Auf dem Gebiet der Stimme könnte jeder unredliche Stimmbildner, dessen grundlegende Motivation die Macht oder die Manipulation des Bewußtseins wäre, ohne Schwierigkeiten eine Sekte gründen.

Um dem Raubvogel, der in uns kreist, die Flügel zu stutzen, benutze ich mit Vorliebe, insbesondere bei Gruppenarbeiten, die Waffe des Humors. Man muß sich vor Menschen hüten, die nicht durch Lachen abschalten, Distanz zu sich selbst gewinnen können. Man muß mit dem Finger auf alle diese Leute zeigen, die sich selbst ernst nehmen, sobald sie einige Brosamen von Wissen erworben zu haben glauben: Sie setzen andere und sich selbst unüberlegten Gefahren aus. Eine richtige Haltung verbindet Humor mit Demut. Wer dieses Handwerk ausüben will, muß zuvor, wie in jedem Handwerk, eine Art Gabe erworben haben. Er ist bloß Träger eines stimmlichen Wissens, das er übermittelt, das nicht er ist und das ihn übersteigt. Jeder andere Anspruch ist bloß lächerliche ... und gefährliche Aufgeblasenheit.

In einem in *Le Monde de la Musique* publizierten anderen Interview erklärt Alfredo Kraus: «Um die genaue Tönung einer Stimme zu erkennen, genügt es, vom Sänger zu verlangen, daß er ein lateinisches i singt; damit ist die Stimme bereits in der Maske drin». Kraus scheint somit am lateinischen i zu hängen, während andere sich lieber an das deutsche i halten. Sind, wenn man es sich genau überlegt, nicht beide Vorstellungen irrig? Sollte man nicht eher ein universelles i fordern? Es ist bekannt, daß das i aufgrund der für jede Sprache und jedes Volk typischen Frequenzen jeweils eine andere Tönung hat. Muß man sich aber damit begnügen? Ein von einem rekonstruierten und neutralen Instrument gesungenes i ist notwendigerweise universal. Davon ausgehend muß darauf hingewiesen werden, daß das rundere deutsche i dieses i mit dem ü vermischt. Es wird zwar von einer wahreren Luftröhre als das lateinische i hervorgebracht, das immer in Gefahr ist, zusammengepreßt und schrill zu tönen, wobei eine Kraft-Spannungs-Beziehung den Nacken, die Schultern und den Unterkiefer stören kann.

«Radiosendungen belegen», fährt Kraus fort, «daß der Vokal i die Hohlräume im Kehlkopf vollständig öffnet, während das a sie schließt. I ist reich an harmonischen Frequenzen, während a diese verschlingt. I, reiner Klang vergleichbar mit dem, den man erhält, wenn man ein Kristallglas erklingen läßt, indem man mit einem Messer daraufschlägt. Wie soll ein a so weit gebracht werden? Ganz einfach, indem man es in dieselbe Höhlung versetzt wie das i; das ist die eigentliche Grundlage des Gesangs, gültig von den tiefen bis zu den hohen Tönen ... »

Die klinische Beschreibung von Kraus geht aus einer technischen Beobachtung hervor, die den spontanen Prozeß des Tonphänomens so zu rekonstruieren versucht, wie ein richtig gebautes Instrument den Ton hervorbringen würde. Der Vergleich mit der Kunst des Bogenschießens drängt sich abermals auf: Das Ziel wird nur wirklich getroffen, sofern man sich darin eingeübt hat, es nicht ins Visier zu nehmen; man muß damit beginnen, dieser Bogen zu sein, der gespannt wird, dieser Pfeil, der sich genau in der Verlängerung eines Arms befindet, diese gekrümmte Bahn, die sich im Raum abzeichnet, diese reine Energie, die am gegebenen Ort freigesetzt wird. Außerhalb der Askese des Bogenschützen ist nur Platz für technisch-sportliche Überlegungen im Sinne eines Wettbewerbs und der Leistung, die das Wort «Sport» beinhaltet.

Zum Abschluß dieser Auseinandersetzung über die beiden i sei noch folgendes festgehalten: Kraus' Vision vom lateinischen i bezieht sich auf eine Belcanto-Schule à la Bellini. Das deutsche i hingegen gibt dem Gesang, ohne den Standort zu wechseln, mehr Tiefe: Das ist das Prinzip der Wagnerschen Stimmen, der bedeutenden deutschen Stimmen[20], welche noch dieser mythischen Dimension nahestehen, die uns durch die griechische Tragödie und gewisse Formen des traditionellen Theaters übermittelt worden ist.

Es besteht tatsächlich eine direkte Verbindung zwischen dem griechischen Theater und den Wagner-Opern: Beide sind von Mythologie durchdrungen und Beispiele für den sakralen Sinn – den Sinn *theos* – dieser Art von Darstellungskunst.

Man muß Atem und Stimme, zwei Energien universeller Ordnung, dazu benutzen, um eine mythologische Botschaft zu überbringen: Dieses Symbol liegt jedem traditionellen Theater zugrunde, man findet es auch in Japan, beispielsweise im Nô.

Die Oper hat solche Tendenzen geerbt, und Wagner[21] ist, zusammen mit Gluck beispielsweise, vor allem in der Ausnützung seiner Themen zweifellos der wahrste, der genialste Fortsetzer dieses Rituals der Übermittlung durch den Schrei, der wirklich schöner Gesang und nicht bloß brillanter, aber oberflächlicher Belcanto geworden ist, stark, wahr, umfassend, durch eine großartige Musik die «enthusiastischsten»[22] Themen der nordischen Mythologie weitergebend.

Nur eine solche Kunst erreicht den Menschen in seiner Tiefe, und zwar nicht nur seinen mentalen Bereich, sondern sein vollständiges Wesen: Sie ist weder intellektuelles noch emotionales Theater, sondern totale Kunst, wozu Gesang, Orchester, Körperausdruck, bildhafte Darstellung gehören, und sie verändert die Zuschauer und Teilnehmer, indem sie deren Schwingungszustand beeinflußt. Das ist der eigentliche Grund dafür, weshalb die Oper, derzeit eine voll im Suchen begriffene

Kunst, fortwährend mehr Wirkung auf ein immer breiteres Publikum ausübt.

Derselbe Unterschied zwischen einer profanen Auffassung von Theater (bloße Zerstreuung) und seiner sakralen Funktion zeigt sich bei den Sängern: Es gibt Sänger-Instrumente und initiierte Sänger. Pavarotti zum Beispiel, eine großartige vokale Mechanik, Prototyp geradezu des «bestens rekonstruierten Kleinkindes», ist eine schöne Maschine geblieben, die prunkvolle Noten destilliert. Ein Wunderlich hingegen, leider zu früh verstorben, ist von seiner Technik her gesehen ebenso bemerkenswert, aber er übermittelt darüber hinaus eine göttliche musikalische Botschaft: ein initiierter Sänger, illustrierendes Beispiel für den wunderbaren Aphorismus von Dürckheim: «Technik und Tao; Tao und Technik».

Die Arbeit an der Stimme fördert und erhebt den Menschen in allen Bereichen, in denen er sich entfalten kann: Restrukturierung des Körpers durch Atmung, aufrechte Haltung, Rückgewinnung des Gleichgewichts und Muskelentspannung; Neutralisierung des Psychismus, aber auch Aufblühen einer Spiritualität, die sich allmählich auf die gesamte Seinsweise auswirkt.

Atem, Ton, Schwingung

Was nun die Atmung betrifft, so wurde bereits gesagt, der Atem ist Hochherzigkeit, also muß es das Ausatmen ebenfalls sein. Doch dieses für die Arbeit an der Stimme notwendige hochherzige Ausatmen setzt selbstverständlich ein intensives, volles und tiefes Einatmen voraus. Das bedeutet, daß die Frage der Atmung während der Sitzungen oft angeschnitten wird. Wie soll man atmen? Ist die Atmung durch die Nase die richtige?

Seit der Schule Gardis ist die Meinung weit verbreitet, man müsse unbedingt durch die Nase atmen, und diese Art der Luftaufnahme ist bei einem gut rekonstruierten Körper zweifellos die wahrste. Doch bei den meisten Menschen ist diese Atmungsart völlig oberflächlich geworden: Nur der obere Teil des Körpers ist noch daran beteiligt. Die Atmung ist deshalb durch Gähnen, die totale Atmung, neuaufzubauen, bevor man wieder durch die Nase zu atmen beginnt. Für den Sänger hingegen ist Nasenatmung praktisch undenkbar, denn sie erfordert zuviel Zeit, nicht zuletzt weil viele Menschen eine veränderte Nasenscheidewand haben. Zweifellos wäre es eine sehr erholsame Atmung, die aber nur während besonders langen Pausen zwischen zwei musikalischen Sätzen praktizierbar ist.

Ich setze mich deshalb vorzugsweise für die Atmung durch den Mund ein, die der vier ersten Chakren. Bei der Nasenatmung muß die Luft noch das fünfte Chakra durchqueren, das sechste und das siebente öffnen, ohne daß der atmende Mensch von den vier ersten abgekoppelt wird, und darin besteht die ganze Schwierigkeit.

Die Atmung durch die Nase ist nicht notwendigerweise oberflächlicher als die durch den Mund, doch unser Einatmen war derart behindert, daß sie es tatsächlich geworden ist.

Es wird zwar empfohlen, aber man kann sich dennoch schwerlich einen Sportler während eines vollen Einsatzes vorstellen, der durch die Nase atmet. In den Kampfsportdisziplinen ist die Nasenatmung vorgeschrieben. Was aber tun, wenn die Nase verstopft ist? Das nordische oder das milde, frische und feuchte Klima am Meer erleichtern die Dinge nicht. Nasenatmung drängt sich bestimmt am Anfang einer Anstrengung auf, doch je größer die Anforderungen werden, um so mehr besteht die Gefahr, daß die Atmung nach oben gezogen wird. Nicht ohne Grund sprechen Sportler von ihrem «zweiten Atem», den sie finden, wenn sie ein Problem mit einer übertriebenen Atmung lösen müssen, um durch eine bessere Entspannung noch mehr Kraft zu erhalten.

Beim Schwimmen kann man unmöglich durch die Nase atmen. Und das ist doch eine sehr nützliche sportliche Disziplin. Müssen folglich nicht alle klischeehaften Vorstellungen relativiert werden? Ob man durch den Mund oder die Nase atmet, hängt von den gegebenen Umständen ab, das ist die Wahrheit. Soll man im übrigen sagen: «Ich atme ein»? Das Einatmen geschieht von selbst: Es ist eher die Luft, die nach innen gezogen wird, als das «Ich», das sie zu verschlingen versucht. Ich atme nicht ein, ich werde eingeatmet, und je nach Umständen kommt die Luft durch den Mund oder durch die Nase in mich hinein. Durch den Mund in Sekundenbruchteilen, wenn ich rede; dasselbe Einatmen durch die Nase würde zuviel Zeit beanspruchen, der Redefluß wäre nicht gewährleistet. Durch die Nase, in langen und regelmäßigen Atemzügen, wenn ich ganz entspannt oder in innerem Suchen begriffen bin. Doch wenn ich mit meinen Schülern zu häufig durch die Nase einatme, trenne ich sie völlig von den tiefen Tönen.

So weit war ich mit meinen Überlegungen gekommen, als ich Ende 1990 durch einen Zufall eine Entdeckung machte, die oft gute Dienste leisten kann. Dieser Fund ergab sich aus der Feststellung, daß es zwei verschiedene Energien gibt: die des Atems und die des Tons. Viele Menschen sprechen von einer Vielzahl von Energien. Beim Singen, der Disziplin, von der hier die Rede ist, werden nur diese zwei eingesetzt, und zwar mit dem Ziel, daß sie miteinander verschmelzen und sich völlig harmonisieren. Durch eine bestimmte Einatmungstechnik lassen sie sich, sobald der Schüler dazu vorbereitet ist, miteinander vereinigen.

Es handelt sich um ein Einatmen durch die Nase in langen Stößen, das manchmal mit erhobenen Armen praktiziert wird, um die Schultern richtig zu befreien. Dieses Vorgehen ermöglicht es mir, die Zonen der energetischen Blockaden klar zu erkennen, die Höhe des betroffenen Zwerchfells festzustellen und die adäquate Methode zu wählen, um die Spannungen zu lösen. Dieses stoßweise Einatmen durch die Nase geschieht energisch durch langes, wiederholtes Atemschöpfen, ohne daß bei der Unterbrechung der Druck nachläßt. So lassen sich die Spannungen in der Wirbelsäule abbauen, der Oberteil des Körpers entlasten und eine maximale Konzentration im Hara erzielen. Doch der Stimmbildner, der sich fortwährend vor den «Listen des bösen Feindes» schützen muß, muß sich vor einer zu kurzen, zu mentalen Atmung in acht nehmen, die das Spiel der im oberen Körperschema blockierten Energie mitspielt. Der Sänger darf sich unter keinen Umständen eine Atmung zulegen, die viel Ähnlichkeit mit dem Hecheln kleiner Hunde hätte.

Diese Atemtechnik ändert nichts an der Tatsache, daß man nicht mehr so einatmen kann, sobald man zu singen beginnt, es sei denn während einer genügend langen Pause. Doch bei der technischen Arbeit an der Stimme bewirkt dieses Einatmen durch die Nase in langen Stößen eine bemerkenswerte Konzentration des Drucks, verbunden mit einer zugleich wirksamen und genauen Richtung des Tons.

Wie bereits erwähnt, hat diese Arbeitsmethode an und durch die Stimme für alle Schüler zugleich eine *diagnostische* und *therapeutische* Wirkung. Das analytische und auf Korrekturen angelegte Schema, das bei allen angewandt wird, muß jedoch entsprechend der unendlichen Vielfalt der individuellen Fälle, die sich sowohl von der Physiologie als auch der Psychologie her voneinander unterscheiden, angepaßt, moduliert werden. Man muß deshalb nach der Grundwahrheit jedes Schülers und nach dem Grundton eines jeden von ihnen suchen, denn das ist die Basis für jeden echten Wiederaufbau.

Was ist der Grundton? Bei einem Musikinstrument ist es der tiefste Ton, der im harmonischen Reichtum aller hervorgebrachten Töne präsent bleiben muß. Laut dem *Larousse musical* ist der Grundton

> «die Note, die in der traditionellen tonalen Harmonie die anderen Noten eines Akkords durch natürlich genannte Teiltöne hervorbringt. In allen musikalischen Systemen sind diese Teiltöne nur annäherungsweise richtig, vor allem im temperierten System. Die vom Grundton erzeugten Töne sind theoretisch die Terz, die Quinte, die Septime und die None, höhere Intervalle werden in der Harmonielehre nur selten verwendet».

Erwähnenswert ist die Feststellung, wenn bei diesem Typ von Arbeit an der Singstimme eine Stimme durch die Übungen deblockiert wird, so geschieht dies fast immer bei der Terz, der Quinte oder dem vollkommenen Intervall. Doch wir wollen im *Larousse* weiterlesen:

> «Es wird gesagt, ein Akkord sei in seiner Grundstellung, wenn die Grundnote tief ist. Als Grundtiefnote wird die Abfolge der Grundnoten in den aufeinanderfolgenden Akkorden bezeichnet, genauer gesagt die Abfolge der tiefen Noten, wie sie wäre. wenn alle Akkorde in ihre Grundstellung zurückgeführt würden.»

Im menschlichen Instrument ist der Grundton laut unserer Erfahrung der tiefste Ton, den ein Mensch unter Respektierung des harmonischen Reichtums der Stimme in einer beherrschten und neutralen, das heißt idealerweise vom Mentalen befreiten *Atem-Ton/Kraft-Richtung*-Beziehung von sich geben kann. Das ist ein sehr klarer Ton, und sobald der Sänger ihn erreicht, so spürt er ohne Zweifel, daß es dieser Ton ist, der sich in seiner ganzen Stimme entfalten muß.

Es handelt sich dabei um einen durch und durch persönlichen Ton und eine ebensolche Note, typisch für jeden einzelnen Menschen und nie für zwei Menschen gleich. Sie bilden die Stimmpersönlichkeit des Schülers, letzten Endes also dessen Schwingungspersönlichkeit.

Doch im Gegensatz zu den «starren» Instrumenten, die der Geigenbauer herstellt, fluktuiert der menschliche Körper fortwährend, vor allem wenn er nicht seinen ihm gemäßen Bau verwirklicht und sein Mentales nicht neutralisiert hat. Dieser Grundton ist deshalb in uns besonders instabil; in einem wackligen und zerbrechlichen Gleichgewicht zwischen tiefen und hohen Tönen schwingt er unten in der Wirbelsäule. Dort muß er bleiben, im «Fundament» unseres Seins. Von dieser Grundlage aus werden Stimme und Körper parallel neuaufgebaut, falls eine totale Beherrschung (utopischerweise) der Tiefenatmung, der Tonrichtung und der Affektivität zustande kommt.

Bevor man an einen Neuaufbau der Persönlichkeit denken kann, müssen der emotionale Bereich gereinigt und die Person von den Spannungen, die sich im oberen Teil ihres Körpers angesammelt haben, befreit werden; durch ein solches Einwirken lassen sich die Basis des Körpers (Kreuzbein und Kontakt mit dem Boden durch die Beine) und dadurch die tiefen Harmonien des Grundtons entspannen.

Hier zeigt sich, wie eng die Arbeit an der Stimme und der Neuaufbau der Vertikalität des Sängers, der sein Zentrum wiederfindet und sich in den Boden einpflanzt, miteinander zusammenhängen. Von dem Augenblick an, da die Energie richtig zirkuliert, wurzelt sich der Schüler, um seine hohen Töne zum Schwingen zu bringen, immer stärker in der Erde ein, ohne sich dessen überhaupt bewußt zu werden, und sobald er die tiefen Töne sucht, hat er die Tendenz, größer zu werden. Er reagiert wie eine Feder, die sich abwechslungsweise an den beiden Enden ausdehnt, bis sie ihre richtige Statik gefunden hat.

Die ganze Methode zielt darauf ab, tiefe und richtig gelenkte (ihre harmonische Mischung mit den hohen Tönen wahrende) tiefe Töne einzupflanzen, auf die der Sänger sich stützt, um aufzusteigen, Halbton für Halbton, und dabei seine Spannungen durchzuziehen und zu überwinden. Wenn der Stimmbildner ihn durch seine hohen Töne auseinanderzieht, in vollem Bewußtsein dessen, was er tut, sogar um den Preis entsetzlicher Töne, wird ein Bruch von einer, zwei, sogar drei Oktaven geschaffen. Solche unerwarteten Empfindungen packen den Schüler ganz unerwartet und öffnen eine Bresche. Er muß sich in sie hineinstürzen und diesen verwirrenden Augenblick dazu nutzen, um sogleich in die tiefen Töne zurückzutauchen, seine Grundlage auf diesem verstärkten Untergrund zu erweitern und die Aufrichtung des Gebäudes fortzusetzen.

Durch einen bloßen Blick[23] oder einen gehörten Ton kann der Werkmeister dazu gebracht werden, seine Pläne zu ändern, indem er beispielsweise seinen Schüler extreme Haltungen annehmen läßt: Begegnet man schönen Wirbelsäulen nicht gerade in Ländern, wo man die Lasten auf dem Kopf trägt? Oft muß man bestimmte Haltungen übertreiben, um durch eine natürliche Reaktion eine körperliche und funktionelle Logik wiederzufinden. Auch ohne daß wir die Sänger nötigen, mit einem Tonkrug im Gleichgewicht auf dem Kopf herumzugehen, läßt sich dieser Gedanke Maos, der durch seine scheinbare Naivität starke Geister verwirren dürfte, auf sie anwenden: «Wenn eine Stange in einer Richtung verbogen worden ist, muß man sie in der Gegenrichtung zurückbiegen, damit sie wieder gerade wird[24].»

Der Mensch ist ein schwingendes Wesen, dessen physiologisches Instrument verändert, verformt oder vernachläßigt worden ist. Da er sowohl Sender als auch Empfänger ist, muß er die Schwingungswahrheit seines Instruments, des Körpers, wiederherstellen. Man kann sich schwerlich einen Musiker vorstellen, der auf einer unbrauchbaren Violine spielt oder – wie ein absurder Komiker – ohne Violine oder Bogen stillschweigend alle zum Spiel gehörenden Bewegungen ausführt. Die hier behandelte Arbeitsmethode an der Stimme versucht das Schwingungspotential des Sende- und Empfangsinstruments wiederherzustellen, damit es

– nur noch wahre Schwingungen von sich gibt;
– jede wahre Schwingung unmittelbar identifizieren kann.

Auf die Sprache angewandt, die gesprochen und die gehört wird, zwingt uns diese Tonkunst, den Ort des Wortes in der Kommunikation neu zu überdenken. Wenn ich nämlich spreche, ist meine Stimme mehr mit Kommunikation beladen als meine Rede. Und wenn ich jemanden reden höre, durchdringt mich die Stimme des Gesprächspartners als Botschaft, und durch die Aufnahme dieser Schwingungen wird meine innere (physiologische, affektive und intellektuelle) Haltung gegenüber dem Sinn dessen, was mir gesagt wird, bestimmt. Um mit einer gewissen Verärgerung jemandem anzudeuten, daß man begriffen hat, antwortet man doch beispielsweise: «Ich höre Sie sehr wohl ...»

Damit ist klar gesagt, daß die Schwingung wichtiger als das Wort ist, weil sie mehr enthüllt als dieses. Die Schwingung verleiht dem Wort Authentizität, und das Wort erhält nur seinen vollen Sinn, wenn es sich in Harmonie mit der Schwingungswahrheit der Stimme befindet, die es ausspricht und deren es sich bedient.

In seinem Buch *Die Stimme der inneren Wachsamkeit* schreibt S. Michael über das Hören auf den Ton seiner Stimme:

«Es ist eine Gelegenheit, sich zu studieren und sich besser kennenzulernen, zu lernen, sich selbst gegenüber Abstand zu wahren und sich nicht in das zu verwickeln, was man sagt, innerlich allein und frei zu bleiben, wenn man mit anderen zusammen ist, und schließlich sich selbst gegenüber immer wachsamer und präsenter zu werden. Wer diese Methode pflegt, fühlt sich merkwürdigerweise von seiner Stimme abgelöst und entfernt, die dadurch einen neuen und authentischen Klang erhält. Diese Stimme scheint ihm von einem anderen Teil seines Wesens auszugehen, sie schwingt aus der Tiefe seines Solarplexus. Das Ziel dieser Arbeit ist Selbsterkenntnis und Selbstreinigung.»

Die Art von Askese, die in der Kunst der Stimme enthalten ist, läßt sich kaum mit weniger Worten besser beschreiben: Immer wahr bleiben, um wahr nachzuhallen und zu denken. Diese Wahrheit läßt sich nicht erreichen und bewahren ohne Distanzierung vom Mentalen, ohne diese Art von innerer Neutralität, die aus der Beherrschung des Atems, des Tons und der Haltung hervorgeht.

Im Körper-Instrument des Menschen erzeugt der Atem, wenn er das Stimmgebungssystem durchquert, stimmliche Schwingungen: Dort fällt er, wie wir gesehen haben, in eine Falle in Form einer verengenden Beklemmung, gerät er in den Hinterhalt des Voluntarismus und läßt sich von den Verlockungen des Intellekts mißbrauchen. Kurzum, man fabriziert Wörter, während sich, respektiert man die natürliche Logik des in Schwingung, dann in inneren Klang, dann in äußerliches Wort umgewandelten Atems, eine spontane Verbindung zwischen Körper und Geist einstellt: Die Beherrschung des Mentalen ist durch die der Atmung und des Tons gewährleistet, und durch eine eigentliche Umkehrung der Dinge wirkt sich die Loslösung vom Intellekt auf die Heiterkeit der Atmung, auf die Wahrheit des Tons in einer zwischen dem Unten und dem Oben wiederhergestellten Harmonie aus.

Um etwas auszudrücken, muß sich der Ton nicht notwendigerweise in einem Wort inkarnieren. Das Wort ist im Gegenteil ein «Verrat»: Es spielt eine zentrale Rolle, wenn das Kleinkind dieses ursprüngliche System der Kommunikation durch die Sinne aufgibt. Diese Ausdrucksweise ist jedoch wesentlich, und sie wird in unserer Zeit wiederentdeckt in der «nicht-verbalen Sprache»., die sich auf die Augen, auf das Berühren, auf den Klang, auf die Mimik, auf die Gestik stützt.

Damit das Wort seinen ganzen Wert zurückerlangt, muß es sich auf dieses animalische Idiom abstimmen, anstatt ihm die fortwährende Vorstellung der Ängste und der Willkürlichkeiten aufzuzwingen, die es inszeniert. Die Kunst des Tons ist untrennbar mit einer Reinigungs-, Verinnerlichungs-, Einverleibungsarbeit der Sinne verbunden: Ohne sie «klingt» das Wort, gleichgültig in welcher Sprache, nicht harmonisch.

Zwischen dem Ton und dem Wort besteht der gleiche Unterschied wie zwischen Geist und Buchstabe. Der wahre Ton ist mit dem Geist verbunden, er gehört zu ihm und trennt sich gleichzeitig von ihm, um ihn auszudrücken. Der Buchstabe, der so oft mit dem Geist nicht in Einklang ist, scheint einer fremden Macht unterworfen zu sein, ebenso wie das Wort Lüge ist, sobald seine Beziehung zur authentischen Schwingung zerbricht.

Was den Buchstaben angeht, muß man sich daran erinnern, daß jede Überlieferung zunächst mündlich ist. Die Niederschreibung bedeutet immer eine Fixierung, einen Verlust an Leben und Sinn. Die kollektive und individuelle Entwicklung der Menschheit verläuft über die folgenden Stadien, die ineinander verquickt sich und sich gegenseitig beeinflussen: Animalische Energien des Atems und des Tons, vertikale Aufrichtung, Verfeinerung der manuellen Geschicklichkeit, Entwicklung der Emotionalität und der Intellektualität, Verlust der Authentizität des animalischen Zustands. Die Erfindung der Schrift fällt zwischen die beiden zuletzt genannten Etappen und trägt stark zur Denaturierung des *Homo sapiens* bei. Die erste vom Menschen wirklich strukturierte Sprache, die der Symbole, verband ihn noch mit den Schwingungen des Universums. Je wichtiger die durch die Schrift fortwährend ausgeklügelter gewordenen Wortcodes geworden sind, um so stärker hat sich der Intellekt wie durch innere Spaltung entwickelt, ohne mehr äußerlich weder von oben noch von unten befruchtet zu werden. Diese irrsinnige Zellvermehrung ufert völlig aus durch die Ausweitung der Medien- und Informationstechniken, welche die wirkliche Welt durch rein fiktive Bilder, Klänge, Rhythmen, geschriebene oder mündliche Botschaften und numerische Werte ersetzen.

Damit unsere verarmte Existenz wieder das lebensnotwendige Minimum von Sinnhaftigkeit zurückerhält, müßten wir wieder die mündliche Überlieferung entdecken und parallel dazu dreidimensionale Alphabete verwenden, die Wörter und Töne, Geist und Buchstaben, Phonogramme und Chiffren wie die Kabbala miteinander in Einklang bringt, oder durch eine *schöne Schrift* eine zeichnerische Synthese der äußerlichen Welt mit den Prinzipien wie in der traditionellen Kalligraphie erstreben. Was die Überlieferung betrifft, so beweist eben gerade die Arbeit an der Stimme, daß es keine wirkliche Tradition[25] außer der von Mund zu Ohr in der Innigkeit einer Meister-Schüler-Beziehung gibt, durch die eine *unmitteilbare* Erfahrung übertragen wird – also nur zwischen zwei Seienden, die «dazu geschaffen sind, einander zu hören», gemeinsam zu schwingen.

Hinsichtlich der Kommunikation durch Töne und Schwingungen wäre es nützlich, eine Untersuchung an autistischen Kindern durchzuführen. Wenn dank dem vom Intellekt abgekoppelten Ton die Schwingungsauthentizität des Körpers wiedergefunden werden kann, so sollte es dadurch möglich sein, therapeutische Ergebnisse bei dieser Art von Affekten zu erzielen; Autisten benutzen untereinander oft für außenstehende Menschen unerfaßbare Kommunikationscodes. Möglicherweise versuchen sie unbewußt, zu den Ursprüngen der Kommunikation zurückzufinden. Weshalb sollte man sie bei dieser «Regression» nicht unterstützen, um mit ihnen durch Atmung, Ton und Schwingung eine wirklich wünschbare Gemeinschaftsfähigkeit und Mitteilbarkeit aufzubauen?

Jedenfalls kann die Arbeit am Ton und an der Schwingung bei Angehörigen ein und derselben Familie, zwischen denen ein latenter Konflikt besteht, die Kommunikation wiederherstellen. Kinder und Eltern, die sich durch diese Methode, ohne ein Wort zu wechseln und gemeinsam, derselben stimmlichen Aufbauarbeit unterziehen, können die Harmonie in der Familie wiederherstellen, ohne zu unerquicklichen Erklärungen genötigt zu sein: Unversehens schwingen sie konzertiert untereinander mit, neutralisieren sie die mentalen Spannungen, die durch das Reden aufgetreten sind – Quelle und Motor der Konflikte. Die Nachfrage nach Familientherapien nimmt derart zu, daß sich die Organisation spezieller Lehrgänge aufdrängt. Diese stimmliche Arbeitsmethode bringt allen Frauen und Männern, die den menschlichen Kontakt verloren haben, wirklich das, was man eine «gemeinsame Plattform» nennen könnte.

Verinnerlichung der Sinne und des Sinns

Diese Arbeit lädt den Schüler zu einer Reise nach innen ein: Dadurch daß er sich innerlich besucht und indem er zurückblickt, findet er seine Stimme, seinen Weg. Ein solches Vorgehen, auf physiologischer Ebene vergleichbar mit dem der Psychoanalyse auf anderen Ebenen, verändert am Ende die Persönlichkeit. Heiterkeit und tiefes Atmen, die man sich allmählich erwirbt, verändern die lautlichen und psychischen Emissionen des betreffenden Menschen. Er sendet andere Wellen aus und wird von anderen Empfängern gehört, wodurch seine ganze Umwelt umgekrempelt wird: Freunde verlassen ihn, dafür gewinnt er andere; das Berufsleben wird in Frage gestellt, wenn es nicht dem wirklichen Trachten seines Wesens entspricht; das familiäre und affektive Leben wird bisweilen überprüft, was unter Umständen als herzzerreißend empfunden wird, sich am Ende aber als wohltuend herausstellt.

Um den Schüler herum verändern sich die Dinge; sie verändern sich auch in ihm bis in alle seine intimsten Wahrnehmungen hinein. Bis dahin wurde er von seinen intellektualisierten Sinnen geformt, jetzt probiert, fühlt, sieht, hört und berührt er, wie es ein Kleinkind oder ein Tier tun würde, denn das Reptil koexistiert jetzt in ihm wieder mit dem Säugetier und dem intelligenten Zweibeiner. Die drei Gehirne finden allmählich zur Harmonie zurück. Der Hominine schließt Frieden mit seinen bescheideneren Brüdern. Dürckheim sagte eines Tages zu jemandem, der sich darüber beklagte, er habe keine Zeit mehr für das Lesen (aus dem Gedächtnis zitiert):

«Verschliessen Sie sofort diese Bibliothek mit einem Schlüssel. Werfen Sie den Schlüssel fort und wälzen Sie sich ganz nackt im abgefallenen Laub auf dem Boden, oder aber lernen Sie eine Rose zu betrachten.»

Im gleichen Maße, wie die Arbeit an der Atmung und am Ton Fortschritte macht, hört man nicht mehr auf dieselbe Weise wie früher. Die Beziehung zwischen dem linken und dem rechten Ohr verändert sich, gleich wie sich die Abhängigkeit des Sehens in bezug auf den Blick verändert. Bisher nicht gekannte Geschmacks- und Geruchsqualitäten werden wahrgenommen. Der Körper wird gleichzeitig mit der Befreiung der Stimme geweckt für das, was ganz natürlich ist. Wer singen möchte, trachtet in Wirklichkeit danach, sich seinen Körper wieder einzuverleiben, so wie man nach langer Abwesenheit mit Freude sein Heim wieder in Besitz nimmt. Deshalb verspürt der Sängerlehrling, der «weder nackt noch bekleidet»[26] den Kurs beginnt und sich voller Vertrauen dem Stimmbildner zuwendet, schon von den ersten Sitzungen an ein intensives Glücksgefühl. Ich habe mich während langer Zeit gefragt, wie er mit so viel gutem Willen bereit sein kann, derart harte Übungen auf sich zu nehmen, obwohl es keineswegs seine Absicht ist, den Gesang zu seinem Beruf zu machen. Seine Verfügbarkeit überraschte mich immer wieder von neuem, bis ich schließlich begriff, daß er durch die Atmung und den Ton auf die Suche nach inneren Empfindungen aufbrach, die seine Vorstellung von Zeit und Raum völlig umgestalteten.

Man muß wissen, daß der Gesang eine Sequenz stehenbleibender Zeit erzeugt, daß der Atem den Raum von innen her vermißt, daß die Schwingung die Sehne spannt, so daß der menschliche Bogen seine richtige Krümmung findet, daß der Ton zur Entfaltung des Seins führt. Diese Verinnerlichung der Sinne verändert alle Dimensionen. Schritt für Schritt lernt der Schüler zu fühlen, ohne zu begreifen. Welchen Wert hat im übrigen ein rein intellektuelles Verstehen ohne jede rohe Empfindung und innere Erfahrung?

Je mehr sich der tiefere Sinn meiner Arbeit an der Stimme meinem Verständnis offenbarte, um so besser begriff ich die Rolle, die ich als Gesanglehrer für meinen auf der Suche nach sich selbst befindlichen Schüler spielte: Ich mußte mich ihm gegenüber provozierend verhalten, um ihn dazu anzustacheln, seine eigenen Erfahrungen zu sammeln und ihn in seiner respiratorischen und vokalen Dynamik zu bestärken. Wenn es nötig war, hatte ich auch die Aufgabe, ihm den Anstoß zu geben, bis an das Ende seiner selbst vorzustoßen, nicht mitten auf dem Weg stehen zu bleiben.

Doch es kommt die Zeit, da der Sängerkandidat, innerlich völlig wach, schrittweise durch Anerkennung seiner neuen Empfindungen eine gewisse Selbständigkeit erwirbt. Dann besteht meine Haltung darin, daß ich ihm seine Verantwortung bewußt mache, damit er seine weiteren Versuche selbständig plant und so früher oder später sein eigener Forscher und sein eigener Meister wird. Von diesem Augenblick an verändert sich meine Beziehung zu ihm vollständig; das anfängliche Drängen ist zu Ende. Der Sänger, der seinen Ort wiedergefunden hat, weiß jetzt, daß ihm eine lebenslange, auf eine Art Ton-Yoga ausgerichtete Arbeit bevorsteht. Während der Gespräche mit ihm vertraut er mir seine Erfahrungen an, und ich teile ihm die meinigen mit. Von Zeit zu Zeit muß ich mich noch davon überzeugen, daß sich die Pflanze gut entwickelt.

Der Konvertit, der sich auf den Weg zu seiner eigenen operativen Verwirklichung gemacht hat, verspürt oft das Bedürfnis, sich an eine spekulative Tradition zu binden, die, sofern er nicht schon so weit ist, seinen spirituellen Bestrebungen entspricht. Die Arbeit wird nämlich zu einem bestimmten Zeitpunkt zur Initiation, nämlich sobald der Schüler seine physiologischen und psychologischen Spannungen im Wesentlichen entwirrt hat. Das innere Erwachen öffnet nun den Weg zu den großen Fragen universeller Ordnung. Alles verläuft so, als würde der von seinen Spannungen und seinem Ego befreite Sänger endlich aus sich selbst herausfinden, um sich in das spirituelle Leben hineinzubegeben. Durch sein persönliches Suchen nach körperlicher und geistiger Entfaltung stößt er oft auf Probleme metaphysischer und kosmogonischer Art. Ohne äußere Unterstützung könnten seine Bestrebungen erlahmen, weshalb sich im allgemeinen eine Führung in Richtung einer (oder mehrerer) authenischer Tradition(en) aufdrängt, wobei man die Scharlatane der Esoterik, welche die Gutgläubigkeit der großen Masse ausbeuten, wie die Pest meiden muß.

Gleichgültig ist der Weg, der gewählt wird, ob Religion, Philosophie oder Initiation – er kann logischerweise nur durch einen einzigen Urmythos vorgegeben sein: den Wiederaufbau des Tempels. Die Praxis des inneren Weges, der inneren Stimme, macht nämlich dem Schüler bewußt, daß er, der nach dem Bild des Tempels des Universums geformt ist, in sich eine mit einer Kathedrale vergleichbare Energie sammelt.

Wie eine Kathedrale steht er fest auf einem tellurischen Fundament, sein Pfeil weist zum Himmel, und auf dieser Grundlage errichtet er sein Gehäuse, indem er sich an eine sakrale Numerik hält, die vollständig in seinen Körper eingeschrieben ist. Ich bin mir später, durch Erfahrung, bewußt geworden, daß diese als «esoterisch» empfundenen Auffassungen vergleichbar mit denen der traditionellen chinesischen Medizin und der verschiedenen Praktiken sind, die im Zen den Jüngern vorgeschlagen werden. Einige meiner Schüler selbst haben mich auf diese Konvergenz aufmerksam gemacht.

Als Entdeckung einer Lebenskunst und einer Heiterkeit lädt die Methode der Analyse, des Aufbaus und der Harmonisierung durch die Stimme den Schüler ein, sich innerlich durch seine Art, wie er seine Kraft gebraucht, zu beurteilen und zu erkennen; dabei kann sich diese Kraft gegen ihn selbst kehren, sie kann ihn aber auch positiv und strahlend machen. Die Arbeit begünstigt eine Entdeckung des körperlichen und muskulären Potentials und zeigt die Spannungen und Künstlichkeiten auf, welche die Verwirklichung vereiteln konnten. Sie könnte die psychoanalytische Methode ergänzen, indem sie diese um physiologische und spirituelle Dimensionen erweitert. Der Schüler entdeckt sich vor dem Spiegel. Er nimmt in seinem Körper, bisweilen schmerzlich, alle von seiner Angst, seinem Voluntarismus aufgezwungenen Mechanismen wahr, die ihn vom Aufbau seiner Persönlichkeit abgelenkt, abgehalten, an ihm gehindert hatten. Er baut sie Stück um Stück ab, reinigt sie, repariert sie und baut sie nach einem anderen Vorbild zusammen. Jetzt hat er gelernt, sich so zu sehen, wie er ist. Wenn er aus dieser Erfahrung hervorgeht, ohne sich kennengelernt zu haben, so war er tatsächlich nicht dazu geschaffen, sich kennenzulernen.

Das ist das Ziel: Lernen, sich selbst zu erkennen. Wir wollen weder Gesangsmaschinen fabrizieren noch serienmäßig Sänger ins Leben entlassen, die ihre Stimme falsch gebrauchen und von ihrem Professor abhängig bleiben würden. Unser Ziel ist es im Gegenteil, etwas dazu beizutragen, daß der Schüler mündig, reif, harmonisch wird, daß er Herr dessen ist, was er tut und folglich auch was er ist. Falls er diese Auffassung ablehnt, falls er vom anderen die tollsten Dinge und Wunder erwartet, ohne sich selbst mit dem Kern seines Wesens einzusetzen, muß man ihm davon abraten, seine Bemühungen bei uns fortzusetzen.

Falls er aber den ihm vorgeschlagenen Weg akzeptiert und seine ganze Energie hineinsteckt, darf er hoffen, daß er ernten kann, was er selbst in seinen drei Bereichen gesät hat. Zuerst erfährt er, in welchem Maße sein Empfinden vom normalen Weg abgekommen, künstlich, verfälscht und in diesem Zustand überreizt geworden war. Dann nimmt er diese innere Kraft des Hara wahr und wird für andere, subtilere Dimensionen seines Wesens offen, die sich ihm mit Gewißheit nach der Befreiung der Affektivität und der Befruchtung des Hara enthüllen. Er gelangt so zu einer Art Beherrschung des Mentalen durch das Hara und des Hara durch das Mentale. Mit anderen Worten, er kann in Heiterkeit wahre, also objektiv auf die Intensität und die Qualität der Ereignisse, die sie hervorgerufen haben, abgestimmte Emotionen leben.

Sobald sich im Schüler solche geistige Ausgewogenheit

ausbildet, gibt er seine früheren Verhaltensschemata auf und entscheidet sich für eine Lebensart, deren Schlüsselwörter zweifellos *Vertrauen* und *Heiterkeit* sind. Die Beziehung zu sich selbst ist wahrhaftiger: Er kann *Nein* sagen, wenn es notwendig ist, ebenso auch *Ja*. Er fällt nicht mehr in die Grube des *Nichtwagens*. Es gelingt ihm, immer mehr und immer besser zu *sein*, und der *Schein* wird ausgelöscht. Man spürt, daß er sich in seiner Haut wohl, gut fühlt, nicht mehr gestaltlos oder verkalkt, sondern beweglich, aufgeweckt. Damit er so weit kommt, muß er mit bisweilen schmerzhaften Prüfungen fertig werden. Das ist der Preis, der bezahlt werden muß. Man streift den alten Menschen nicht so leicht ab, weshalb manche aufgeben. Es sind aber nicht viele.

Ein harmonisches Wesen lebt in Einklang mit seiner Umgebung. Es versucht nicht mehr, das Schicksal zu zwingen. Es wird nicht mehr vom Leben aufgefressen, sondern es ißt es, indem es richtig zulangt, und es läßt den Dingen ihren Lauf, so wie sie verlaufen müssen und wann sie es müssen. Es läßt sich nicht mehr von etwas überschwemmen, und es gibt immer seltener der Versuchung des Aktivismus nach, denn es verzettelt sich nicht mehr. Es konzentriert sich. Man möge es mir nachsehen, daß ich als Beispiel von meiner eigenen Erfahrung spreche. Der Leser wird feststellen, daß das Prinzip des Nichthandelns im Alltag zu überraschenden Ergebnissen führt. Man möge es selbst beurteilen.

Wer mir vor zehn Jahren vorausgesagt hätte, welche Wendung in dieser Zeit mein Leben nehmen würde, hätte mir bestenfalls ein Lächeln entlockt. Ich hätte nie geglaubt, daß solche Entwicklungen von bloßen Gesangkursen ausgehen könnten, die ich durch «Zufall» zu geben hatte. Eigentlich wollte ich zu dieser Zeit, weiß Gott, Erfolg haben. Genau das, ich *wollte*. Als ich noch als Berufssänger auf der Bühne auftrat, verbrachte ich mein Leben damit, daß ich Türen zu öffnen versuchte, die mir vor der Nase zugeschlagen wurden. Sobald ich gegen den Widerstand meines Körpers einsah, daß ich auf eine solche durch den Willen bestimmte Haltung verzichten mußte, um *unbeteiligt* zu werden, indem ich an mir selbst zu arbeiten begann, öffneten sich auch die Türen, ganz von alleine.

Als ich zu lehren begann, wurde mir bewußt, daß ich Töne nur gezielt hervorzubringen vermöchte, wenn ich die inneren Mechanismen verstünde, die sie lenken. Spontan räumte ich dem Hören nach innen Priorität ein. Daraus wurde mit der Zeit ein Schauen nach innen. Diese Entscheidung führte mich von Entdeckung zu Entdeckung, sie löste aber auch eine ganze Reihe von Gegenreaktionen aus, die ich weder vorausgesehen noch gewollt hatte. Doch als ich mich entschied, meine ganze Aufmerksamkeit auf meine Arbeit zu konzentrieren, blockierte ich die Situation durch diesen Willensexzeß.

Daraufhin beschloß ich, aus reinem Vergnügen mein Geld in die Einrichtung eines Ausstellungssaals für Maler und Bildhauer zu investieren. Zwei Jahre lang organisierte ich Ausstellungen, um mich von dieser Besessenheit nach Anerkennung abzulenken. Schon bald mußte ich auf diese Tätigkeit wieder verzichten. Meine Arbeit stieß plötzlich auf Interesse, löste allerlei Entwicklungen aus. Diese Ausweitung vollzieht sich ohne mein Wissen, sie entwickelt sich im Wesentlichen von selbst. Es kommt so weit, daß ich meine Zeit entsprechend den Zwängen, die mir das Ereignis auferlegt, einteilen muß.

Man muß klar unterscheiden zwischen «Interventionismus»[27] und Intentionalität. Ich halte mich von jetzt ab an eine starre Verhaltenslinie, die sich durch eine lapidare Formel ausdrücken läßt: keine Publizität, sondern Sensibilisierung für eine Konzentration auf sich selbst.

Wir dürfen uns nicht in die Grube der Quantität fallen lassen. Was bei der Führung unserer Aktivitäten, welcher Art diese auch sein mögen, vor allem auf Qualität abzielt, wird eines Tages durch Erfolg gekrönt. Der Weg ist länger, aber an seinem Ende erwartet den Wanderer ein sichereres und wärmeres Nachtquartier. In meinem Fall folgen die Stationen in einem gleichmäßigen Rhythmus aufeinander, und ich bemühe mich, in diesen überschäumenden Ereignissen Ruhe zu bewahren. Die Ereignisse kommen auf mich zu. Man muß ihren Lauf überhaupt nicht beschleunigen. Wie durch Zufall treten sie jeweils ein, wenn sich gleichzeitig in mir irgendein physiologischer Wandel vollzieht. Das Aussen ist im Gleichklang mit dem Innen. Immer wenn ich eine innere Pforte durchschreite und in ein neues Zimmer meiner Wohnung gelange, spüre ich, daß sich mein Innenleben intensiviert.

Wenn ich mich dann darauf stürze, behindere ich den natürlichen Gang der Dinge, und eine Regression ist die Folge. Wenn ich umgekehrt gegen den Strom schwimmen will, reißt mich die Strömung mit. Unglück widerfährt mir, wenn ich mich von einem immer als Versuchung wirkenden Schein packen lasse. Man muß die Zeichen zu lesen verstehen, die eine zu fällende Entscheidung ankündigen, andernfalls schifft man sich nie ein; man bleibt auf der Reede stehen; Winde und Strömungen bringen einen nicht in einen guten Hafen.

Die Menge der ruhelosen und erschöpften Anonymen, denen ich auf den Straße begegne, die ängstlichen Schüler, die mir auffallen, wenn sie zum erstenmal mein Zimmer betreten, weisen nicht diese Verfügbarkeit und Empfänglichkeit auf, die ausreichen, um einer solchen Lebenslinie zu folgen. Eingetaucht in ihre Angst, übertragen sie ihr Unbehagen auf ihre familiäre und berufliche Umgebung. Ihre Stimme, ihr Blick, ihre Haltung, die Schwingungen, die sie ausstrahlen, bringen bereits Unruhe in die Atmosphäre, auch wenn sie, wie es oft vorkommt, zu einer Veränderung bereit sind. Durch die physiologische Arbeit, die diese Methode des Ton-Yoga erfordert, beruhigen sie sich allmählich, sie wirken beruhigend auf ihre Gesprächspartner, sie fassen Vertrauen zu sich selbst und erproben eine Lebenskunst, die durch eine Art Unmittelbarkeit, die man als *animalisch* bezeichnen könnte und die fröhlich ohne Worte auskommt, auf die ihnen Nahestehenden ausstrahlt.

Der Hund, dem ich zuflüstere, er sei ein wüstes Biest, leckt mir die Hand. Wenn ich ihn mit drohendem Ton als gutes Tier behandle, zeigt er mir seine Zähne. Wenn ich ihm ruhig entgegentrete, kehrt er um. Wenn ich in der Nähe eines Bienenstocks vorbeigehe, erhöht meine Angst, gestochen zu werden, das Risiko, daß es tatsächlich geschieht: Die Panikwellen und -gerüche, die ich an die Luft abgebe, machen mich zu einem Ziel für den Stachel. Die Tiere kennen im Gegensatz zum zivilisierten Menschen diesen Code und bedienen sich seiner fortwährend.

Wir müssen wieder lernen, ganz natürlich mit unserem Körper, mit unseresgleichen, mit allen Lebensformen zu kommunizieren. Durch allmähliche Neutralisierung seiner Ängste beginnt der Schüler wieder ein sehr altes Idiom zu sprechen, das für ihn eine tote Sprache geworden war. In diesem antiken Wortschatz fehlen einige Vokabeln, so das Verb *haben* und die Adverbien *gestern* und *heute*. Dieser glückliche Sprecher begnügt sich damit zu versuchen, voll und ganz den gegenwärtigen Augenblick zu leben. Darin besteht seine Lebenskunst.

KAPITEL 4

Konkrete Erfahrungen in der Stimmtherapie

Meine Geschichte und die meiner Schüler

Wie der Leser feststellen konnte, ist meine ganze Lebensgeschichte die eines Menschen, der Lust am Singen mit einer Stimme hatte, deren Brauchbarkeit er aufgrund einer mit der Zeit durch weniger subjektive Elemente belegten Intuition ahnte. Mit diesem Ziel vor Augen besucht er einen gewöhnlichen Konservatoriumskurs. Er muß aber erkennen, daß solche Institutionen unausweichlich die stimmlichen Mängel ihrer Studenten vergrößern. Dennoch übt er den Beruf des Sängers unter Benutzung dieser verfälschten Stimme seit vielen Jahren aus. Durch selbstkritische Beobachtung wird er sich bald bewußt, daß er einer aussichtslosen «Stimme» gefolgt ist. Er kehrt deshalb der Bühne und den öffentlichen Auftritten den Rücken und widmet sich dem Gesangsunterricht, ohne voraussehen zu können, was ihm widerfahren wird. In seinen Kursen bemerkt er, wie sehr sich seine Unterrichtsmethode spontan von der üblichen unterscheidet. Sein erster und natürlicher Reflex besteht nicht darin, bei seinen Schülern Töne hervorbringen zu wollen. Er versucht im Gegenteil zu verstehen, weshalb diese Schüler technisch und mechanisch gestörte und folglich störende Töne von sich geben. Als Lehrer versucht er deshalb, die Blockierungsprozesse zu beseitigen, welche die natürliche Bewegung des Tonflusses und des Atmungsrückflusses behindern. Das führt dazu, daß er sich eher für problematische Fälle als für einfache Situationen interessiert. Weshalb spricht der eine Schüler problemlos, ohne singen zu können, während sein Mitschüler beides perfekt beherrscht?

Parallel zu dieser Arbeit an der Schule setzt er seine persönlichen Ambitionen mit Hilfe eines italienischen Maestro fort, der ihn seine Stimme wiederentdecken läßt, und zwar jene Stimme, deren er sich gerne als Siebzehnjähriger bedient hätte. Ihn überkommt das Verlangen, für sich selbst und für andere die Beziehung zwischen dem Atem und dem Ton zu ergründen. Im Hinblick auf dieses Ziel erarbeitet und verwendet er präzisere, weniger anarchische Techniken als die üblichen, im Unterricht vorherrschenden. Darüber hinaus verwertet er alle Erfahrungen, die er bei seinen schwierigsten Fällen gesammelt hat.

Der Maestro, dieser *deus ex machina*, der alle Fäden der Stimme in seiner Hand hielt und zog, stirbt. Da dadurch ein ganzes mühsam rekonstruiertes Gebäude zusammenbricht, sieht sich der künftige Stimmbildner gezwungen, die gemeinsam mit dem Meister begonnene analytische Arbeit fortzusetzen – nicht ausschließlich mit dem Ziel, zu singen, sondern auch um zu begreifen, welche physiologischen, psychischen und spirituellen Federn der Gesang über den Atem, den Ton und die Schwingung in Gang setzt und benutzt.

Unser Mann beginnt folglich intensiv am eigenen Körper zu forschen, indem er selbständig und für sich selbst allerlei Werkzeuge schmiedet, die auch seinen Schülern zugute kommen. Die Motivierung für den Gesang tritt immer mehr in den Hintergrund, und durch Zeugnisse von außen vernimmt er, daß seine Arbeitsmethode mit fernöstlichen wie der des Zen verwandt ist. Allmählich bildet sich eine Synergie zwischen dem Atem und dem Ton aus. Sie beruht auf einer Zentrierungsarbeit und einer «Vertikalisierung», die darauf abzielt, ein in der Geschichte des betreffenden Menschen durch Spannungen mentalen Ursprungs fortschreitend verfälschtes Körperinstrument neuaufzubauen.

Er begreift nun, daß er in sich und bei den anderen dem «Kleinkind, das gerne größer geworden wäre», Leben und Haltung zurückzugeben versucht. Er wird sich schließlich bewußt, daß dieser Wiederaufbau des Tempels durch eine Reise nach innen den Charakter einer Initiation hat. Der Atemkreislauf, die stimmlichen Äußerungen und die Ausbreitung der Schwingung ergründen und offenbaren die Verwindungen des Körpers. Die Stimme, die den Körper der Länge und Breite nach von neuem durchdringt, verwandelt das Instrument in ihm und gibt ihm eine normale Statik und Dynamik zurück.

Das ist, kurz zusammengefaßt, die Geschichte meiner Stimme und auch mehr oder weniger die Geschichte der Stimme der anderen, wovon sich der Leser überzeugen kann, indem er die folgenden Fälle zur Kenntnis nimmt.

Sisyphus am Werk

Schon am Anfang meiner pädagogischen Erfahrung war ich davon überrascht, wie sehr sich meine Schüler von der technischen Arbeit angezogen fühlten, die ich ihnen vorschlug. Wie ich bereits dargelegt habe, zogen sie diese scheinbar unerfreulichen Übungen dem Liedersingen vor. Später begriff ich, daß die befreiende und erneuernde Wirkung dieser Übungen auf den Körper einen solchen Lerneifer erklären könnte. Der Ton ist die Sprache des Körpers, und die Botschaften, die er übermittelt, erwecken mehr Vertrauen als die übliche Geschwätzigkeit des Mentalen.

Einer meiner Schüler, der Mühe mit dem Gehen hatte, sagte mir eines Tages nach einigen Sitzungen: «Schon eine Bilanz zu ziehen, ist vielleicht ein bißchen verfrüht, aber mein Körper liebt es, hierher zu kommen, und fürchtet sich nicht davor, zwei Stockwerke hoch zu steigen.» Man mußte gesehen haben, wie er sich abmühte, sich auf seine Stöcke stützend, um sich vorstellen zu können, wie mühselig dieses Treppensteigen für ihn war.

Der Ton ist auch die Sprache der Seele. Die ersten Atemzüge, die ersten Noten ermöglichen es bereits, ein psychologisches Karteiblatt jedes Schülers auszufüllen. Der erste Fall, der mir auffiel, war eine Person, die zum Theater wollte und deshalb Gesangstunden nahm. Unglücklicherweise wies ihre Stimme ein Loch von mehr als einer Oktave auf, und zwar in der Mitte, in der Zone, die der Sprechstimme entspricht. Wir haben deshalb zwei Jahre lang daran gearbeitet, «die beiden Enden zusammenzufügen», und zwar durch Übungen, die fortwährend darauf abzielten, die Lücke genau einzugrenzen, um sie durch die Kraft der tiefen Töne und die Richtung des i zu verstopfen. Das ist jeweils eine zeitaufwendige Angelegenheit, die den Schüler dazu zwingt, seine schlechten pneumophonischen Gewohnheiten in Frage zu stellen. Diese Umerziehung muß von der behandelten Person mit vollem Bewußtsein mitvollzogen werden, denn sie ist, meiner Meinung nach, die einzige langfristig nutzbringende Haltung. Doch mein Schüler ließ sich passiv umerziehen, ohne je etwas von seinen tiefliegenden Unausgewogenheiten hören zu wollen. Die Arbeit wurde gewissermaßen ohne sein Wissen gemacht. Das Ergebnis am Ende war jedoch einigermaßen spektakulär: Er hatte durch seine Singstimme einen praktisch gesunden Reflex zurückerlangt. Doch in seinem befreiten Unbewußten war sein ursprünglicher Reflex in der Sprechstimme noch immer vorhanden. Ergebnis: Nachdem er am Vorabend seine Stimme kraftvoll eingesetzt hatte, blieb er am Morgen jeweils stimmlos, und ich brachte täglich mit fünfminütigen gesungenen Übungen die Mechanik wieder in Ordnung ... Der Gesanglehrer hat bisweilen viel Ähnlichkeit mit dem alten Sisyphus, doch der Stein, den er einen steilen Abhang hinaufrollt, ist eine Luftblase.

Eine hartnäckige Stimmlosigkeit

Die für die Stimme symptomatischen Deformationen, die bisweilen den Körper und das ganze Wesen des Sängers erschüttern, verraten die Leiden der mit dem k'i[28] verbundenen Energie-Ton-Beziehung in ihm.

Die Ablenkung dieser gewaltigen Energie schon in der Kindheit kann bisweilen dramatische physiologische und lautliche Veränderungen auslösen. So empfange ich eines Tages eine Dame, die von ihrem Arzt an mich verwiesen wurde. Sie übt einen stimmlichen Beruf aus und leidet seit drei Wochen an völliger Stimmlosigkeit. Sie erklärt mir flüsternd ihren Fall. Durch Beobachtung stelle ich, während sie «spricht», fest, daß die Stimme selbst nicht angegriffen ist. Ihre Sprachlosigkeit rührt von einer ängstlichen Spannung her, die den ganzen oberen Teil des Körperschemas blockiert und die Luftröhre verstopft.

Bevor diese Schülerin mich aufgesucht hatte, war sie erfolglos von einem Arzt und einem Logopäden behandelt worden; Medikamente waren ihr verschrieben worden, worunter Cortison. Die Therapie hatte keine sichtbare Wirkung. Der Lesetest ergibt keinen einzigen brauchbaren Ton, zeigt mir aber, daß das Rückgrat stark zusammengezogen ist. Mit meinen «Werkzeugen» versuche ich diese blockierte Energie zu befreien, indem ich sie wieder nach unten verschiebe. Stoßweises Einatmen durch die Nase und das wiederholte Aussprechen von je-ji-ju-ja/o-e-i-u-a-je-ji-ju-ja bewirken, daß sich die auf der Stufe des Rückens angesammelten Spannungen abnutzen und längs der Wirbelsäule nach unten verschieben. Es folgen einige Übungen auf den Knien in etwas gekrümmter Haltung. Die Schülerin kniet vor mir und wendet mir den Rücken zu. Nach zwanzig bis fünfundzwanzig Minuten dreht sie sich brüsk um, um mit mir zu sprechen: Sie hat die Sprache wiedergefunden. Wir verstärken sie noch bis ans Ende der Sitzung. Ein neuer Lesetest zeigt eine großartige Stimme, die immer kräftiger wird.

Dieser interessante Fall zeigt, daß die Blockierung oft nur die Folge einer allgemein schlechten Haltung ist, die durch eine auf dem Willen, der Ängstlichkeit und dem Streß basierende Verwendung der Energie bedingt ist. Als diese Person mich verließ, hatte sie den Eindruck, ich hätte eine Art Wunder bewirkt. Ich habe sie eines Besseren belehrt: Das erzielte Resultat war unmittelbar auf meine Berufskenntnisse und eine genaue Beobachtung der Logik ihrer körperlichen Statik zurückzuführen. Um aber ihre Stimme zu konsolidieren, hätte sie eine andere, grundlegendere Behandlung durchführen müssen.

Diese Schülerin hat die Absicht, ihre Arbeit am Atem und an der Stimme weiterzuführen. Sie hat mir sogar vorgeschlagen, ihr dreizehnjähriges Kind mitzubringen, das bereits mit dem gleichen Problem zu kämpfen hat. Hier läßt sich zweifellos von einer Ansteckung durch Nachahmung innerhalb der Familie oder sogar von einer Vererbung gewisser Blockierungen sprechen, die auf eine «tensorielle Mechanik» an allen identischen Punkten zurückzuführen sind.

Stimme und Gesundheit

Auf ein «Wunder» läßt sich nicht immer hoffen. Ich erinnere mich an eine Person, auf deren Stimmbändern sich Polypen entwickelt hatten, die operiert werden mußten[29], denn sie stellten für den ganzen Stimmbereich eine Gefahr dar. Noch vor dem chirurgischen Eingriff gelang es uns mit unserer Arbeit, ein anfänglich zu nervöses, zu eigensinniges und zu ängstliches Verhalten zu behandeln und die Stimme zu normalisieren, indem wir fast alle störenden Töne beseitigten. Mit solchen Korrekturen sollte die Therapie begleitet und die pneumophonische Haltung des Schülers stabilisiert werden, der überdies eine sozusagen professionelle Laufbahn anstrebte.

Etliche Schüler haben, ohne es zu wissen, erheblich zur Verbesserung und Vertiefung meiner Arbeitsmethoden beigetragen. Ich erinnere mich beispielsweise an eine Lehrerin, die seit Monaten arbeitslos war, weil sie ihre Stimme beinahe vollständig verloren hatte. Um es ganz klar auszusprechen, sie war nicht imstande, sich über mehr als zwei Meter Entfernung verständlich auszudrücken. Nachdem sie ohne sichtbares Ergebnis zahlreiche Ärzte konsultiert hatte, wandte sie sich in ihrer Verzweiflung an mich. Es war der schwerste Fall von Stimmzerfall, der mir bis dahin vor Augen gekommen war. Und diese Frau hat mir die tiefste Erfahrung meines Lebens ermöglicht.

Nach dem Test mit der Sprechstimme, der eine äußerst schwache Tonstärke belegte, kam beim Test mit der Singstimme bloß ein strukturloses Brummen heraus, aus dem nicht der geringste Hinweis auf eine gesungene Note zu entnehmen war. Selbstverständlich läßt sich der Ton immer auch durch Arbeit an der Sprechstimme verbessern, doch diese Methode bleibt oberflächlich. Nur eine vertiefte Einwirkung auf die Singstimme kann die vollständige, solide und insbesondere dauerhafte Rekonstruktion eines durch eine gesunde Atmung gestützten Stimmsystems garantieren.

Die Arbeit mit dieser Lehrerin bestand darin, als erstes einen richtigen Ton hervorzubringen, anschließend von dieser Note aus einen weiteren Fortschritt anzustreben, wobei je nach Fall entweder auf die Kraft oder auf die Richtung einzuwirken war, um schließlich das Stimmvolumen Halbton für Halbton über drei Oktaven hinweg wiederherzustellen. Nach drei Jahren war dieses Ziel erreicht. Die Sitzungen waren äußerst mühsam, sie wurden von Weinkrämpfen unterbrochen und waren durch eine tiefe Hoffnungslosigkeit dieser Frau geprägt, die wir unaufhörlich durch einen unerschütterlichen Glauben bestärken mußten.

Man wird ohne weiteres einsehen, daß eine derartige stimmliche Behinderung nur die Folge eines Zustandes schwerster physischer und psychischer Zerrüttung sein kann. Meine Schülerin hatte ein solches Drama hinter sich. Ursache war vor allem ihre Homosexualität, mit der sie nicht fertig geworden war. Es ist zwischen uns nie zu einem Gespräch über dieses Thema gekommen. Doch aus den Tönen, die diese Frau von sich gab, ließ sich ihre innere Not erahnen und besser als durch Worte begreifen. Nach zwei Jahren konnte sie ihren Beruf wieder ausüben. Ich könnte mir vorstellen, daß sie bei Gelegenheit einige Opernarien singen wird.

Durch diese Erfahrung wurde mir bewußt, daß während der schrittweisen Rekonstruktion einer Stimme oft auch Krisen psychologischer Natur auftreten können. Sie manifestieren sich häufig in regressiver Form, im hier vorliegenden speziellen Fall als Schreie eines Säuglings bei der Geburt, die von dieser Patientin völlig impulsiv und unkontrolliert ausgestoßen wurden.

Als ich später bei anderen Personen ähnliche Sitzungen erlebte, die mich aufwühlten und zutiefst verwirrten, unterhielt ich mich darüber mit einem befreundeten Neuropsychiater. Meine Methode weckte sein Interesse, und er lud mich ein, solche Arbeiten auch in Brüssel zu organisieren. Er erklärte sich bereit, mir einen Raum mit einem Klavier zur Verfügung zu stellen; Kundschaft mit Interesse für diese Methode, die sich über die Atmung und die Töne mit dem Leib und der Seele befaßt, ließ sich rasch finden und sensibilisieren.

Ungewollt nahm damals diese Methode, die durch die Stimme analysierte, aufbaute und harmonisierte, eine neue

Wendung. Sie ist wirklich aus dieser Zusammenarbeit hervorgegangen.

Andere markante Fälle, die ich zu behandeln hatte, betrafen Lähmungen im Gesicht und psychomotorische Probleme. Im ersten Fall war eine Person von der Schulmedizin zu einer lebenslangen Verzerrung verurteilt worden, die ihr das Gesicht entstellte. Dank unserer Arbeit an der Singstimme, durch die sie sich eine gute Beherrschung der Atmung, eine korrigierte Richtung der Töne und eine verbesserte innere Ruhe erwarb, konnte eine normalere Kieferstellung erreicht werden. Laut einem Neurologen wäre dieses Ergebnis nur durch Medikamente und bloß für einen begrenzten Zeitraum zu erzielen gewesen.

Der zweite Fall war ein junges Mädchen, das seit seiner Geburt unter Lähmungskrisen litt. Dank unseren Sitzungen trat eine Besserung ein, die junge Frau legte sich eine andere Haltung zu; ihre kaum hörbare und vor allem kaum verständliche Ausdrucksweise entwickelte sich dank der Arbeit mit Volksliedern in verschiedenen Körperstellungen geradezu spektakulär.

Allmählich nahm ihre Stimme eine weniger anarchische Form an, die Bauchatmung normalisierte sich. Wenn sie sang, war der Text sehr klar, sehr gut verständlich; derselbe Text wahrte, wenn er anschließend gesprochen und durch die Atmung auf gleiche Weise gestützt wurde, diese Qualität. Auch im Alltagsverhalten dieser jungen Frau ließ sich eine Besserung erkennen; Krisen traten in längeren Abständen auf und verschwanden schließlich völlig.

Dieses Beispiel ist kennzeichnend für die Art von globaler Verbesserung der Persönlichkeitsstruktur, die sich durch die Arbeit an der Atmung und der Stimme erreichen läßt. Die stimmliche Äußerung kann für die Diagnose und die Behandlung genutzt werden, sie zeigt die Eigenschaften des Stimmorgans, also des gesamten Körpers auf. Bei der Hervorbringung der Sing- und Sprechstimme spielen unausweichlich auch Emotionen und Intellekt eine Rolle. Keine Funktion des behandelten Menschen ist ausgenommen, ebensowenig kein Körperteil und kein Gehirnbereich.

Befreiungen

Es kommt vor, daß in der Stimme klare Spuren einer traumatischen, in die Kindheit zurückreichenden Vergangenheit zu erkennen sind. So etwa bei einer Dame, Forscherin von Format, die unter dramatischen Umständen während des Zweiten Weltkriegs zur Welt gekommen war. Eine brillante, starke Persönlichkeit, die aber einen erheblichen Teil ihrer Energie für ein von Angst geprägtes Verhalten verbrauchte. Mit den ersten stimmlichen Übungen, die ich vorschlug, vermochte ich aus ihr nur Schreie, fast ein Heulen, herauszuholen. Aufgrund dieser in hohem Maße gestörten pneumophonischen Situation entschied ich mich für eine langfristige Behandlung, mit der ich die folgenden Ziele verfolgte: Abnutzung der durch Angst verursachten Spannungen, Rückführung der Füße auf den Boden (in der vollen Bedeutung dieses bildhaften Ausdrucks!), Reharmonisierung der Stimme.

In der Zwischenzeit hat diese Patientin ihre Fähigkeit zu singen wiedererlangt. Schon in der ersten Gesangssitzung wählte sie, wie durch Zufall, Kinderlieder, die sie mit einer dünnen Kinderstimme interpretierte. Ihrem wirklichen Stimmregister entspricht jedoch eher die Musik Wagners. Ihr Schicksal ist eine Folge davon, daß sie diesen Typ von romantischer und postromantischer Musik abgelehnt hat, weil die darin enthaltene Botschaft in ihren Augen und ihren Ohren mit an die Nazizeit erinnernden frühen Bildern und verdrängten Schrecken verbunden war. Ihr vollständiges und endgültiges Gleichgewicht wird sie erst finden, wenn sie sich in dieser von ihrem Körper erwarteten Musik wiedererkennt. Schon bald dürfte sie einen Friedensvertrag zu rein internem Gebrauch unterzeichnen, der *de facto* den Zweiten Weltkrieg beendet.

Gibt man seine Stimme her, so gibt man sich symbolisch ganz den anderen her. Ein Künstler, der sich fortwährend in sein Atelier, in die Einsamkeit flüchten würde, ohne seine Bilder zeigen zu können, würde durch eine solche Haltung seiner täglichen Beschäftigung jeden Sinn nehmen, denn das Wesen der Kunst beruht auf Kommunikation. Mir ist ein solcher Fall begegnet: Eine Persönlichkeit, deren Energie infolge einer gewaltigen Rückhaltekraft im oberen Teil ihres Körpers blockiert war. Allmählich hat dieser Widerstand nachgelassen. Der Schüler hat es akzeptiert, seinen Atem wieder auszustoßen, seine Stimme erklingen zu lassen. Jetzt stellt er seine Werke aus.

Ein Rückblick auf solche Fälle verschafft mir Gelegenheit, einmal mehr auf den hohen Wert der darstellenden Künste hinzuweisen, falls sie sich an der universellen Harmonie inspirieren. Einer meiner Schüler, der in seiner Arbeit als Architekt eine traditionelle Symbolik, von der er stark durchdrungen ist, neu aufleben lassen möchte, geht, seit er mit der Arbeit an seiner Stimme begonnen hat, einen inneren Weg nach dem Vorbild früherer Bruderschaften und Gesellenvereinigungen. Seine Entwicklung zeigt, daß man sich erst durch Ausübung einer Kunst veräußerlichen kann, nachdem man deren Ausdruckstechniken und -formen verinnerlicht hat.

Viele Menschen sind wie in einem Kerker gefangen, dessen Mauern sie selbst aufgerichtet haben, dessen Fenster sie vergittert und dessen Türen sie beinahe alle verschlossen haben. Für sie bedeutet die Befreiung der Atmung und der Stimme beinahe eine Art Haftentlassung. Die Drogensucht ist ein solches Gefängnis. Ich erinnere mich an zwei Personen, die völlig abhängig geworden und sich sozial ausgegrenzt hatten; sie begannen mit der Arbeit an der Stimme mit der festen Hoffnung, diese Isolation überwinden zu können.

Nach einiger Zeit hat die eine dieser Frauen ihr Studium wieder aufgenommen und auf diesem Weg die Rückkehr in die menschliche Gesellschaft geschafft. Indem sie ihre Stimme wiederfand, scheint sie auch festen Boden unter den Füßen gefunden zu haben. Die andere vermochte sich physisch und psychisch völlig zu restrukturieren. Bei der Ausübung ihres Berufes wurde sie kreativer, logischer und harmonischer. Durch eine wahrere Beziehung zu den anderen hat sie sich fortschreitend entfaltet. Derzeit hat sie ihrem «Gefängnis»leben abgeschworen, und sie bemüht sich weiterhin, ihre Spannungen loszuwerden, um eine solide Grundlage für ein Gleichgewicht mit wirksamer Verankerung im Boden aufzubauen.

Sich selbst tragen

Ich beschäftige mich mit einem großgewachsenen jungen Mann, der seit seiner Geburt unter jeder Behandlung sich widersetzenden Lähmungs- und Epilepsiekrisen leidet. Er begann seine Atmungs- und Stimmbemühungen in meiner Gesellschaft auf Geheiß seines Arztes und nachdem er mir von seinen Eltern vorgestellt worden war.

Schon bei der ersten Sitzung stellte ich fest, daß die unter diesen Umständen besonders schwierige Arbeit in einem verminten Gelände zu leisten war: Die Energie irrte im Zickzack

längs einer zusammenhanglosen Wirbelsäule umher, in einem
Körper ohne jede Vertikalität, der nur ungeformte Töne her-
vorbrachte und dem jede Kraft-Richtung-Beziehung abging.
Ich mühte mich vorerst damit ab, einige verwertbare Töne aus
ihm herauszuholen, denn ohne solche bleibe ich machtlos. Als
ich sie gefunden hatte, wandte ich meine üblichen Behand-
lungsprinzipien an: In einer ersten Phase Konzentrierung der
Kraft in den im unteren Teil der Wirbelsäule schwingenden
tiefsten Noten der Stimme; anschließend Übergang zu den höheren Noten unter Beibehaltung der bisherigen stimmlichen
Unterstützung; schließlich durch wiederholtes Auf und Ab
eine Streckung der Wirbelsäule und schrittweise Wiederherstellung der aufrechten Haltung des Patienten.

Der junge Mann hat sich nach und nach entfaltet; er ist
erwacht und zeigte Interesse für seine Umgebung, während er
bis dahin in sich selbst eingemauert geblieben war und keine
wirklichen verbalen Beziehungen zu seinen Angehörigen gepflegt hatte. Seine Selbständigkeit und Hörbarkeit nahmen zu.
Offensichtlich war diese pneumophonische Arbeit das einzige,
was ihm wirklich behagte. Er schätzt es, seine gesanglichen
Fähigkeiten zu üben. Nie hat er diese stimmliche Disziplin als
beschwerlich und als einen Zwang empfunden; sein Körper
liebt, was er während der Sitzungen tut, er schätzt diese innere
Gymnastik, die ihn glücklich macht und zum Mitschwingen
bringt.

Die psychische Entwicklung verdient bei diesem Fall
eine genauere Darstellung. Sie setzte nach einer Sitzung ein,
die mir jetzt in der Rückschau die entscheidende gewesen zu
sein scheint. Man mag es selbst beurteilen. Als mein Schüler
bei mir eintraf, befand er sich in voller Krise. Seine Begleiter
mußten ihn in mein Arbeitszimmer im zweiten Stockwerk
hinauftragen. Sobald er bei mir war, erklärte ich ihm, ich hätte
keine andere Möglichkeit als ihn stehend arbeiten zu lassen.

Damit er sich sicher fühlte, stellte ich ihn hinter einen Stuhl mit Rückenlehne, damit er sich aus eigener Initiative festzuhalten vermöchte, falls er das Gleichgewicht verlöre. Während der Arbeit stellte sich die Verankerung im Boden allmählich wieder ein. Ich forderte ihn nun auf, sich nicht mehr auf den Stuhl zu stützen, was er tat, wobei er sich gut aufrecht hielt.

Jetzt unterbrach ich den gewohnten Ablauf, um mit meinem Schüler zu sprechen. Ich gab ihm zu verstehen, daß ich mich von ihm nicht täuschen lasse, sondern sehr wohl wisse, daß er imstande sei, seine Krisen zu meistern. Solche Krisen löste er selbst in einer Art unbarmherzigen Spiels unbewußt aus, um die Aufmerksamkeit auf sich zu ziehen.

«Wenn die Sitzung zu Ende ist», sagte ich mahnend zu ihm, «tust du mir den Gefallen, selbständig die Treppe hinunterzugehen, wie ein Erwachsener, dich ebenso zum Wagen zu begeben, wo man auf dich wartet, und ohne fremde Hilfe einzusteigen.» Und das tat er. Als er das Arbeitszimmer verließ, ging ich ihm auf der Treppe voraus, um einen möglichen Sturz aufzuhalten. Er folgte mir mit sicherem Schritt, verließ das Haus allein und setzte sich zur Verwunderung seiner Begleiter ins Auto.

Nach dieser Leistung fragte ich mich, ob ich ihn je wiedersehen würde. Ich hatte ihn ans Tageslicht gezwungen und war *ipso facto* ein für ihn gefährlicher Mann geworden. Mein Schüler durchlebte tatsächlich eine Zeit voller Unsicherheit, doch dann nahm er die Arbeit wieder auf. Derzeit macht er kontinuierlich Fortschritte. Sein Körper ruht besser und mit mehr Selbstvertrauen auf den Beinen. Er hat eine wirklich aufrechte Haltung gefunden, die aber noch verbessert werden muß. Er hat sich geöffnet und ist erwacht. Wie weit wird dieser Wandel noch gehen? Ich kann es nicht genau sagen, aber ich hoffe, er wird selbständig und frei, das heißt fähig, vernünftige Entscheidungen zu treffen. Wer gelernt hat, sich selbst zu *tra-*

gen, sich wirklich zu tragen, kann auch gesunde Urteile über alle ihn betreffenden Dinge fällen.

Hallo, gnädige Frau

Manche Männer werden am Telefon als Frau angesprochen, was ihre Gesprächspartner in Verlegenheit und sie selbst in Verwirrung bringt. Mehrere Personen haben mich aus solchen Gründen konsultiert, und ich habe mich um eine Korrektur dessen bemüht, was sie oft als eine Behinderung empfinden. Mit zwei Fällen kann ich diesen Prozeß der stimmlichen «Vermännlichung» illustrieren.

Beim einen ging es um ein psychisches Problem. Schon nach drei Sitzungen war die Stimme männlicher geworden. Doch bei diesem Schüler drängte sich eine vertiefte Arbeit geradezu auf, denn von seiner stimmlichen Energetik her gesehen befand er sich gar nicht mehr in seinem Körper. Durch Übungen mußte er in seine physiologische Behausung zurückgebracht werden, und zwar durch Verstärkung der tiefen Harmonien im unteren Teil des Körpers. Während eines gruppendynamischen Lehrgangs, an dem er sich beteiligte, erfaßte er die Prinzipien der Methode auf bemerkenswerte Weise: Er brachte sich selbst in ein derartiges Ungleichgewicht, daß er beinahe hingefallen wäre. Innerhalb weniger Augenblicke verschob sich sein Schwerezentrum, er schwankte wie ein Pendel hin und her, und ich mußte zwei Schüler neben ihn stellen, um Stürze zu vermeiden. Er war derart darauf erpicht, *in sich selbst einzugehen*, daß er sein Schwerezentrum versetzte, ohne sich um sein Gleichgewicht zu kümmern ..., doch die anderen Schüler hielten ihn fest.

Sein Verhalten hat sich irreversibel verändert. Er, der es liebte, durch eine völlig erkünstelte veräußerlichte Haltung zu

brillieren, hat sich jetzt einer vertieften Introspektion zugewandt. Mit seinem Intellekt analysiert er seine Fortschritte,
die auch von seinem Körper begriffen und immer besser integriert werden.

Im zweiten Fall hatte sich eine erhebliche physiologische
Blockierung entwickelt, die sich durch Angewöhnung be-
stimmter Haltungen und mit Einatmen durch die Nase beseitigen ließen. Diese Körperhaltungen haben die Eigenschaft,
daß sie die Spannungen lösen und anschließend durch das Einatmen nach unten verschieben, weshalb ich mich für sie entschieden habe. Sobald die Verkrampfungen nachlassen, wird
der Patient von einem nicht unter Kontrolle zu bringenden
und mühsamen Zittern geschüttelt; es durchläuft den ganzen
Körper, bevor es sich in Richtung Boden zurückwendet.

Die Suche nach den Grundlagen

Tenorstimmen sind bisweilen besonders gestört. So arbeitete
ich mit einem Sänger, dessen Stimme in den hohen Tönen
blockiert blieb. Er bediente sich dieser schrillen Töne auf sehr
impulsive Weise, weshalb ein Teil seiner Energie sich gegen
ihn kehrte. Bei diesem Tenor mit der überhohen Stimme ließ
sich keinerlei aus dem Hara stammende Kraft nachweisen.
Seine Physiologie war vom Einfluß der pneumophonischen
Funktionsstörung geprägt: gerundetes Rückgrat, verklemmter
Hals, verkrampfte Kiefer, die symbolisch hinter einem Bart
versteckt wurden, was oft zu beobachten ist. Durch geeignete
Übungen gelang es uns, die Spannungen im Rücken zu lockern
und anschließend den ganzen oberen Körperteil zu beruhigen.
Da sich parallel dazu der Bauch kräftigte und rundete, stellten
sich auch die tiefen Töne wieder ein, wodurch sie zur Strek-
kung und Aufrichtung der Wirbelsäule, zur Öffnung der Stim-

me und zu einer allgemeinen Entfaltung seines Wesens im Alltag beitrugen.

Ein Tenor, der sich auf die Suche nach seinen tiefen Tönen, also nach seiner Grundlage, macht und auf diesem Fundament seine Stimme allmählich neu aufbaut, um neue hohe Töne zu finden, kann sich zu großer Weisheit entwickeln. Mozart hat das gewußt: Der Tenor Tamino ist mit zwei Prinzipien konfrontiert; einerseits mit der hysterischen Person der Königin der Nacht, andererseits mit Zarastro, dem großen Weisen. Tamino identifiziert sich am Ende mit diesem und tritt dessen Nachfolge an.

Eine enthüllende Stimme

Ein «Geschäftsmann» nahm Kontakt zu mir auf. Er wünschte ein Gespräch mit mir, bevor er möglicherweise mit einer Ausbildung seiner Stimme beginnen würde. Ich vermochte ihn offenbar zu überzeugen. Nach einigen Sitzungen beschrieb ich ihm seine Persönlichkeit. Er war überrascht; er hatte vor kurzem einen mehrtägigen Überlebenskurs absolviert, nach dessen Abschluß ihm der Leiter dasselbe wie ich gesagt hatte. Kurz gesagt, es hatte sich klar gezeigt, daß er für sein Berufsleben, das mit seiner tiefen Persönlichkeit unvereinbar war, einen ganz neuen Weg suchen mußte.

Nach einiger Zeit, während dieses Wandels, entschied er sich dafür, die Leitung eines größeren Betriebs zu übernehmen, eine Tätigkeit, die meiner Meinung nach nur eine Übergangslösung sein konnte, was ich ihm auch sagte. Ein Jahr später wurde er tatsächlich von einem multinationalen Unternehmen angestellt. Aus einer Analyse seiner damaligen Stimme spürte ich heraus, daß er sich in seiner neuen Funktion nicht wohl fühlte. Jetzt scheint es ihm gelungen zu sein. Er hat sich selbständig gemacht. Nach einer schwierigen Wendung hat er den richtigen Weg gefunden, der ihn aller Wahrscheinlichkeit nach *seiner* Bestimmung zuführt.

Was war sein Problem? Wie viele andere Schüler zu Beginn der Behandlung empfand er seine eigene Stimme als unangenehm. Die Hoffnung, sie verändern zu können, hatte ihn zu mir geführt. Solche Schüler begreifen sehr rasch, daß sich die Arbeit nicht auf die Stimme beschränken darf. In dieser Stimme, die in ihnen Unbehagen auslöst, widerspiegelt sich in Wirklichkeit eine falsche Persönlichkeit. Daß sie deren Töne nicht ertragen, bedeutet, daß sie das Bild ihrer selbst, das sie den anderen zeigen, selbst nicht akzeptieren. Die Arbeit an der Atmung und an der Stimme wird für sie ein Werkzeug der Selbsterkenntnis und der Veränderung. Am Ende interessieren sie sich überhaupt nicht mehr für ihre Stimme als solche, denn jetzt ist die Suche nach ihrem eigentlichen Wesen ihr Motiv. Dieser Suche widmen sie sich mit ihrem ganzen Mut. Und davon braucht es viel.

Im Namen des Sports

Der Fall eines Ingenieurs hat mir gezeigt, wie verheerend die Folgen eines schlecht konzipierten und schlecht betriebenen sportlichen Trainings sein können. Der Mann war durch Wettstreit (in jeder Form ...) geprägt: kräftig gebaut wie ein Berufssoldat, mit steifem Rücken und Verkrampfungen im oberen Körperteil. Die Rückenmuskulatur hatte sich durch einen «Willens»exzeß nach oben verschoben, wodurch im gesamten Körperschema ein Ungleichgewicht entstand.

Im Verlaufe unserer Sitzungen begann er sich dieser hypertonischen Persönlichkeit zu entledigen; Atem- und Stimmübungen, verbunden mit adäquater Haltung, halfen ihm, die in seinem Muskelgedächtnis aufgezeichneten Spannungen auszulöschen; parallel dazu prägten sich natürlichere, heiterere Funktionsweisen in ihm ein.

Viele Leistungssportler werden heute auf dem Altar des kurzfristigen Muskelaufbaus geopfert. Rekordkult und Sucht nach guten Resultaten, geheiligt durch unmittelbaren Erfolg in den Medien und bei den Finanzen, rechtfertigen offenbar gefährliche Praktiken jeglicher Art: Intensivtraining, systematische Förderung der Aggressivität, Doping mit Wirkstoffen, methodische Ausnützung von Rivalitäten zwischen Mannschaftskollegen, welche nur darauf erpicht sind, die höchste Weihe einer Selektion für ein Spiel zu empfangen. Versuche, seinen eigenen Rekord zu überbieten oder um jeden Preis einen Sieg zu erringen, können beim Athleten Muskelverkrampfungen, Erschöpfung, Bewußtseinsveränderungen, Gewalttätigkeit oder sogar ein selbstmörderisches Verhalten auslösen, was sich wiederum auf die Zuschauer auswirkt. Der ursprüngliche Sportgeist ist pervertiert worden, das olympische Milieu einbegriffen.

Beim Aufbau von Spitzenathleten gelten nicht mehr Selbstbeherrschung und Konzentrationsfähigkeit als erstrebenswerte Vorbilder, gefördert wird nicht mehr die ruhige Kraft und Entsagung wie in den auf wirklich traditionelle Weise verstandenen und eingeübten Kampfsportarten, durch welche die Energie des k'i mobilisiert wird. Würde sich die Philosophie der Körpererziehung der Jugend an solchen alten Werten orientieren, so würde der Sport wieder zu dem, was er immer hätte bleiben sollen: eine Disziplin des Persönlichkeitsaufbaus, verbunden mit der Kunst der Selbstübersteigung.

Stimme ohne Ausweg

Eine falsch benutzte Stimme kann dramatische Situationen auslösen wie beispielsweise bei einem belgischen Mönch, der mich wegen einer jeder medizinischen Behandlung widerstehenden Stimmlosigkeit konsultiert hatte. Dieser athletisch gebaute Mann war recht eigentlich zum Sänger geboren, seine Stimme wäre zur Ausstrahlung und Kommunikation prädestiniert gewesen. Leider war in ihm diese Fähigkeit zur Ausstrahlung durch Liebe und Großmut sehr früh, vermutlich schon während seiner Kindheit, zerstört worden. Als er Ordensmann wurde, hatte sich sein ursprüngliches Trauma unter der Wirkung einer irrigen Auffassung vom gregorianischen Gesang, auf die bereits hingewiesen wurde, noch verschärft. Die Stimme meines Schülers, eine große Stimme, wurde unter diesen Voraussetzungen falsch, es blieb ihr nichts anderes übrig, als sich selbst abzuwürgen.

Der Priester gebrauchte und mißbrauchte diese verfälschte Stimme, die, weil sie nicht mehr durch die Kraft der tiefen Töne gestützt wurde, nach einer zweijährigen, durch Schlaflosigkeit geprägten Periode von einem Tag zum anderen ausfiel. Ein sehr harter stimmlicher und psychischer Niedergang zwang ihn, einen Arzt nach dem anderen zu konsultieren, eine Therapie nach der anderen zu versuchen, allerdings ohne jeden auch nur andeutungsweisen Erfolg.

Dazu muß gesagt werden, daß die Medizin diese Art von Stimmlosigkeit keineswegs im Griff hat. Mein Schüler mußte sich einem ungeeigneten chirurgischen Eingriff unterziehen: Die Schilddrüse wurde teilweise entfernt, worauf die «Spezialisten» ihre Machtlosigkeit eingestanden. Sie rieten ihm, sich einer mehr literarischen und spekulativen Tätigkeit zuzuwenden. Ein bekannter Professor räumte sogar ein, er verstehe seinen Fall überhaupt nicht, und beim jetzigen Stand der (oder seiner) Kenntnisse würde keine Therapie das Problem lösen, es sei denn vielleicht, er finde einen außergewöhnlich begabten Logopäden – «doch das gibt es nicht …» Hätte dieser Therapeut über eine etwas globalere Vorstellung über die Zusammenhänge zwischen Atem und Stimme verfügt, so hätte er eingesehen, daß sein Patient in Wirklichkeit mit einem umfassenderen Problem des Gleichgewichtsverhaltens zu kämpfen hatte; daß es in diesem Fall angezeigt gewesen wäre, die Harmonie des Körperinstruments wiederherzustellen; daß man nur durch geeignete Techniken diese im fünften Chakra zu einem *Rollkragen* angesammelte Energie hätte befreien müssen; daß eine energetische Blockierung an dieser Stelle sich für meinen Schüler als sehr störend und langfristig sogar als tödlich erweisen könnte.

Nach zwei oder drei Sitzungen las der Pater wieder die Messe und begann wieder zu predigen. Nach zehn Sitzungen vermochten die Spezialisten, die ihn behandelt hatten, keine Störung mehr zu entdecken: Die Stimme war gesund geworden.

Das Terrain leerfegen

Nichts gegen Yoga, Tai-chi, Tchi-kong oder Zen, doch solche Methoden können sich als unwirksam erweisen, wenn sie auf einem ungepflegten Boden angewandt werden, der nicht zuvor verbessert worden ist. Ich hatte Gelegenheit, einen Knaben voller guten Willens und Kraft zum Singen zu bringen, dessen Schultergürtel jedoch unter hohem Druck stand. Obwohl er seine Yoga-Übungen voller Eifer und Einsatz durchführte, veränderte sich nichts, weder in ihm noch um ihn. Nur dank einer hartnäckigen Arbeit an der Atmung und an der Stimme war es ihm allmählich gelungen, seine enormen Spannungen zu überwinden, die seinen Körper und seine Seele unter dem Joch der Schultern zusammengepreßt hatten. Ich mußte seinerzeit ein vergleichbares Problem lösen; meine *kleine dicke* Statur hatte sich strecken müssen, nachdem die Sperre beim fünften Chakra beseitigt war. Yoga oder Zen hätten mich nicht von meinen Spannungen befreien können, die zu tief in meiner individuellen Natur verursacht wurden.

Um in solchen Fällen etwas zu erreichen, muß man meiner Meinung nach auf dynamischere Methoden zurückgreifen, die diese peripheren Energien nutzen und sie richtig konzentrieren. Nur unter dieser Voraussetzung werden die östlichen Disziplinen wirksam. Wie könnte man seinen Körper denken und in ihm eine dieses Namens würdige innere Erweckung bewirken, wenn er durch Muskelverhärtungen oder psychische Blockierungen verkalkt ist?

Mein Schüler hat sich dieses beklemmenden Korsetts entledigt. Sogleich haben sich auch erste Anzeichen einer Entwicklung im Berufs- wie auch im Familienleben gezeigt, denn ein Mensch, der in sich seine Wahrheit gefunden hat, teilt diese seiner Umgebung mit.

Lieder singen, Rollen spielen wollen

Die Sprache unterscheidet sehr richtig zwischen *gutem Willen* und *Übelwollen*. Guter Wille ist verbunden mit einer Öffnung des Geistes. Ein Mensch, der ihn hat, ist, so sagt man, *gut veranlagt*, seine physische und mentale Haltung ist einladend und entspannt. Übelwollen äußert sich umgekehrt in einem die anderen ausschließenden Verhalten. Ein solcher Mensch verkrampft sich völlig auf die Bewahrung dessen, was er erworben hat, und auf die Eroberung neuer Bereiche; er entwickelt überspezialisierte Verhaltensweisen: Sobald er seine Ziele festgelegt hat, eliminiert er jede wirkliche oder als solche betrachtete konkurrierende Aktivität. Dadurch hält er seine Entwicklung auf, ohne auch nur etwas davon zu merken.

Das war der Fall bei einer meiner Schülerinnen mit der Konstitution einer Wagner-Sängerin. Sie hatte sich für einen Kurs eingeschrieben, um ihre Stimme im Hinblick auf eine berufliche Karriere zu vervollkommnen. Sie entfaltete herkulische Kräfte, tappte aber in die Falle, singen zu *wollen*, Prüfungsnoten aus einem Schulmilieu vorlegen zu können, wo Begriffe wie Wettbewerb, Kriterien und Selektion pädagogische Ziele ersetzen. Weil sie singen wollte, brachte sie keine Töne mehr heraus. Sobald sie ihren Irrtum eingesehen hatte, machte sie mit überraschender Geschwindigkeit Fortschritte. Von der Besessenheit befreit, singen zu müssen, um Prüfungen bestehen zu können, fand sie ihre Stimme und ihre Freude wieder.

Ich möchte auch den Fall einer Schülerin erwähnen, die ich ausnahmsweise bei ihrem Vornamen nennen möchte: Claire. Der Leser wird alsbald begreifen weshalb. Claire, eine junge, zwanzigjährige Frau, schrieb sich für meinen Kurs ein, um ihre Ausbildung als Schauspielerin zu vervollständigen. Sie hatte, so glaubte sie, das *Glück*, aus einer Schule mit dem Ruf zu kommen, Ausbildungsstätte für die großen französischen Schauspieler zu sein.

Nachdem sie ihr Diplom erhalten hatte und jetzt auf ihren ersten Vertrag wartete, fand sie sich, vom Wunsch zu singen beseelt, hinter dem sich oft Motive viel tieferer Natur verbergen, in meiner Klasse ein.

Sehr rasch, schon nach den ersten Lektionen, begriff sie, daß die Arbeit an der Stimme eine grundsätzliche Infragestellung ihrer Persönlichkeit und ihrer *Berufung* erforderte. Um sich ganz dieser Aufgabe zu widmen, entschloß sie sich, den

Beruf, für den sie sich entschieden hatte, nicht mehr auszuüben, besser gesagt, sie weigerte sich, ihn auf die Weise auszuüben, wie man ihn ihr vorgezeichnet hatte. Ihre Ausbildung an
der Schauspielschule hatte nicht auf Selbsterkenntnis und
Selbstbeherrschung basiert, sondern auf einer beschämenden
Ausbeutung von Neurosen.

Claire ist meine Gattin und die Mutter meines Sohnes
geworden. Sie setzt die Bemühungen um ihre Stimme fort,
steht mir zur Seite und bildet mit meiner Methode ihre eigenen Schüler aus.

Es ist freilich schwierig, eine solche Art von Arbeit an seiner Gattin auszuführen, denn sie stellt auf physiologischer,
emotionaler und energetischer Ebene große Anforderungen.
Um unnötige Spannungen auslösende Zwiegespräche zu um-
gehen, ziehe ich es vor, ihre stimmliche Entwicklung im weniger belasteten Rahmen einer Klasse zu überwachen. Die kollek-
tiven Kurse sind von einer Art Neutralität geprägt, wie sie für
eine leidenschaftslose pädagogische Beziehung notwendig ist.

Durch ihre Ausbildung, diejenige, die sie erhält, und diejenige, die sie vermittelt, überdenkt Claire die Bedingungen,
unter denen Schauspieler ausgebildet und eingesetzt werden.
Zweifellos wird sie in Zukunft theaterbegeisterten jungen
Menschen eine auf gesunden Grundlagen beruhende Ausbil-
dungsmöglichkeit anbieten können.

Zum Vergnügen

Ein besonders fesselnder Fall ist der eines Mannes in den Sech-
zigerjahren, der aus lauter Freude am Singen mein Schüler
wurde. Mit seiner Tenorstimme sang er liebend gern bei sich
zuhause, nur zum eigenen Vergnügen, alle die berühmten
Arien aus dem italienischen Repertoire, die er mit gefährlicher

Impulsivität interpretierte. Da er um des Singens willen und nur deshalb zu den Sitzungen kam, hatte er nie beabsichtigt, sich auch Fragen psychologischer und spiritueller Art zu stellen, die im allgemeinen bei dieser Art von Arbeit auftauchen.

Dennoch hatte er zwei Jahre lang den Mut, sich selbst in Frage zu stellen, und das Ergebnis war von außergewöhnlicher Qualität; wenn man ihn jetzt hinter geschlossener Tür singen hört, hat man den Eindruck, einem jungen Mann zuzuhören.

Dieser Schüler hat mir bewiesen, daß richtig angewandtes Atmen und Singen nicht altern. Er hat eine stimmliche Jugend wiedergefunden, die es ihm ermöglicht, alle Arien des italienischen Repertoires zu singen, ohne jedoch die ungebändigte Energie, die ihn früher ausgezeichnet hatte, gegen sich zu wenden. Durch diese Arbeit ist Ruhe in seine Beziehungen gekommen. Seine Gesundheit ist besser geworden, seine Probleme mit der Spannung sind verschwunden. Niemand vermag ihn wiederzuerkennen, weder sein Arzt, noch seine Gattin, noch seine Kollegen. Er ist *ruhig* geworden. Seine Veränderungen haben sich langsam, in der Tiefe, in ihm entwickelt, aus bloßer Lust am Singen heraus, die ihm geblieben ist, und ohne jeden anderen Beweggrund. Mein Schüler gibt zu, daß seine stimmliche Arbeit alles in ihm umgekrempelt hat, ohne daß er es wollte, aber er ist glücklich darüber. Er singt noch immer regelmäßig, und zwar noch immer mit dieser jungen Stimme, die ihn nie mehr verlassen wird. Es wäre schade, wenn er sich seinen – und meinen – Spaß verderben lassen würde.

Aus seinem Körper ein Instrument machen

Viele Musiker haben festgestellt, daß diese Methode der Stimm- und Atmungsarbeit ihre instrumentale Interpretation verbessert. Der erste Fall, den ich erlebt habe, war eine Pianistin, die sich auf eine Prüfung über ihre Eignung zum Unterricht vorbereitete. Nach einer sehr positiv verlaufenen Sitzung bat ich sie, eine Melodie zu spielen, damit ich die Qualität ihres Spiels überprüfen konnte. Sie entschied sich für ein Stück von Beethoven, das von diesem Komponisten nur den Namen hatte: Ihr fehlte die notwendige Kraft, um dieses Werk adäquat wiederzugeben. Eine spontane Eingebung brachte mich dazu, sie aufzufordern, während sie noch immer am Klavier saß, Atem- und Stimmübungen von tiefen Harmonien aus zu machen. Als sich im Hara genügend Energie angesammelt hatte, bat ich sie, noch einmal dasselbe Stück zu spielen. Ich hatte, wie übrigens auch sie, sogleich den Eindruck, jemand anderer spiele, und zwar auf eine Beethoven gerecht werdende Weise. Dieser Versuch wurde in Gegenwart von Zeugen wiederholt.

Ein zweiter Fall bestätigte meine Meinung. Ein Violoncellist, der sein Instrument zu seinem Beruf gemacht hatte, ließ nach einem pneumophonischen Training über mehrere Monate hinweg sein Instrument derart verändert erklingen, daß seine Kollegen ihn fragten, ob er sich ein neues Cello gekauft habe.

Eine solche Konzentration erreicht man nicht von selbst. Es braucht viel Übung, damit das Atmungssystem langfristig reift. Der an sich selbst arbeitende Instrumentalist entdeckt als erstes Gefühle der Fülle in sich, die spontan auftreten und die man nicht willentlich erzwingen kann. Erst dann gelingt es ihm, sie in seinen Körper zu integrieren, den er von jetzt an als ein eigentliches Musikinstrument empfindet.

Das Klavier oder das Violoncello haben nur die Aufgabe, die Harmonie zu veräußerlichen, die der Musiker zuerst in sich selbst durch die Atmung, den Ton, die Schwingungen und die körperliche Statik erkennt.

Hinzuzufügen wäre, daß manche Interpreten mit den besonderen Eigenschaften ihres Instruments zusammenhängende spezifische Schwierigkeiten empfinden. So sieht man etwa oft Blas-Instrumentalisten, die beim Spielen wie von Fieber geschüttelt ihren Oberkörper bewegen; wie können sie sich unter solchen Umständen auf etwas konzentrieren? Der Trompeter Maurice André hingegen hat dieselbe Statur wie Pavarotti; er verfügt über eine sehr konzentrierte und gut vertikalisierte Atmung voller Kraft und Heiterkeit.

Andere Instrumentalisten werden freilich nicht verwöhnt durch die Haltung, zu denen sie ihr Instrument zwingt. So arbeite ich etwa mit einer Organistin, der es sehr schwer fällt, während des Spiels gleichzeitig mit den Armen und den Beinen konzentriert zu bleiben. Eine minutiöse Beobachtung ihrer Haltung beim Spielen ist unerläßlich, damit man Übungen auswählen kann, die ihr am besten helfen können.

Unabhängig von der Art des Instruments beginnt sich das Spiel jedoch zu verändern, sobald der Musiker, indem er sich innerlich von jedem persönlichen Willen, das Werk zu interpretieren, löst, die Energie in sich einströmen und auf sich einwirken läßt. Der Instrumentalist scheint dann eine Art neutraler Vermittler zwischen einer von außen kommenden Kraft und dem Zuhörer, der die Musik aufnimmt, zu werden, als ob diese geradewegs vom Komponisten käme. Die so erfühlte und weitergegebene Musik erhält eine außergewöhnliche Dimension, was die Frage nach dem Stolz des Interpreten aufwirft. Es ist gleichgültig, ob ein literarisches oder musikalisches Werk interpretiert wird, es erfordert Kraft, Weisheit und eine höhere Form von Empathie. Der Ausführende versetzt sich in einen Zustand energetischer Konzentration, der notwendig ist, um die musikalische Botschaft einzufangen, läßt sich von ihr leiten und gibt sie wieder, ohne daß sein Ego daran beteiligt ist. Mozart oder Beethoven haben nicht auf ihn gewartet, damit ihre Musik Wirklichkeit werde.

Jedem sein Weg

Schauspieler, Lehrer, Advokaten, Kleriker, Musiker und Künstler im allgemeinen interessieren sich vor allem für die von der Stimme ausgehende Analyse-, Aufbau- und Harmonisierungsmethode. Zahlreiche Schüler gehören aber anderen Berufsgattungen an, denn Selbstverwirklichung kann ein Anliegen aller ungeachtet des Berufs sein, gleichgültig ob man überhaupt einen Beruf hat oder eben nicht, ob man ihn nicht mehr ausübt oder sich auf ihn vorbereitet.

Manche Logopädie-/Orthophonie-Studenten, ob medizinischer oder paramedizinischer Ausrichtung, wählen beispielsweise meine Arbeitsmethode als Thema für Diplomarbeiten oder Dissertationen und beteiligen sich aus diesem Interesse heraus[30] an Gruppenkursen. Eigene Erfahrungen und Beobachtungen an anderen Teilnehmern liefern ihnen das notwendige Material für die Untersuchung, die sie vornehmen möchten.

Falls eine solche Arbeit genügend lange vorbereitet wird, können solche Studenten feststellen, wie unendlich vielfältig die Fälle und die individuellen Beweggründe, wie unterschiedlich die von den Schülern selbst gewählten Bildungsrhythmen sind und auf welch erstaunliche Weise die Ergebnisse am Ende konvergieren. Gewisse Personen zwingen sich zu einer individuellen Arbeit, die eine Woche oder einen Monat dauert, andere entscheiden sich für Kurse in Gruppendynamik, die sich über ein Semester oder ein Jahr erstrecken. In solchen zuletzt genannten Fällen ist besonders eindrücklich, welch eine grundlegende Entwicklung zwischen zwei Kursen ohne Wissen des Schülers selbst eingetreten ist. Es sieht so aus, als würde der Stimmbildner wie ein Gärtner wirken, der die Samen vor dem Winter in die Erde bringt. Die Keimung vollzieht sich in der Dunkelheit des Bodens, zu einer Zeit, da die

Natur zu ruhen scheint. Doch im Frühjahr muß man oft nur die rissige Erde etwas aufkratzen, um erste junge Triebe darin zu finden.

Die von mir begleiteten pneumophonischen Anstrengungen richten sich nach der besonderen Periodizität jedes Schülers. Bei den ersten Sitzungen lassen sich oft spektakuläre Deblockierungen beobachten. Weitere Bemühungen erbringen im Vergleich dazu nur geringere, sogar bedeutungslose Erfolge. Der Schüler hat manchmal den Eindruck, zu stagnieren oder gar einen Rückfall zu erleiden. Falls er nicht ausreichend unterstützt wird oder motiviert ist, kann sich in ihm Enttäuschung, ein Gefühl der Scheiterns, des Verlassenseins breit machen. Doch auf eine solche Latenzphase folgen immer, falls die Arbeit in der Tiefe fortgesetzt wird, neue Fortschritte, Umsetzungen, die man nicht mehr erhoffte. Gewisse Schüler erwachen eines schönen Morgens als andere Menschen und erkennen sich im Spiegel des Badezimmers nicht mehr … Das ist bloß bildhaft gemeint.

Eine objektive Prüfung der Arbeit an der Atmung und der Stimme setzt somit zweierlei voraus:

- Man muß sie an sich selbst ausprobiert haben;
- Man muß sich genügend Zeit nehmen, damit man den Entwicklungsprozeß, der sich bei sich selbst oder bei anderen über sukzessive Stufen und sprunghaft einstellt, objektiv abschätzen kann.

Der Fall einer älteren Dame belegt diese Aussagen. Sie wurde mir von Familienangehörigen vorgestellt, die bereits meine Kurse besuchten. Sie war Witwe und hatte, so schien es, nur für andere Menschen gelebt: für ihren Gatten und ihre Kinder. Sie war nie aus ihrem Familienkreis herausgegangen. Am Anfang war ich sehr vorsichtig, ich konzentrierte mich darauf, sie wenigstens nicht in die Flucht zu schlagen. Ein Beobachter von außen hätte mit Recht an der auf eine Veränderung hin wirkenden Funktion der vorsichtigen Arbeit zweifeln können, die zu dieser Zeit an der Atmung und der Stimme geleistet wurde.

Doch im Verlauf der Sitzungen gewann die Schülerin Geschmack an diesen Übungen zur Atmung, zur Stimme und zur Haltung, die ich ihr vorschlug. Probleme mit der Wirbelsäule, unter denen sie litt, wurden fortschreitend korrigiert. Diese am Anfang völlig in sich selbst zusammengefaltete Person pumpte sich den Bauch voll, richtete sich auf, legte ein «Korsett» ab, das sie hatte tragen müssen. Sie gewann wieder Freude am Leben. Die physische und psychische Veränderung äußerte sich spektakulär in unerwarteten Initiativen: Zwei- oder dreimal im Jahr begibt sich meine «unwürdige alte Dame» auf Reisen. Sie hat beschlossen, etwas vom Land zu sehen. Ihr Leben hat einen Sinn erhalten, der sie aufstellt. Nie hätte ich es für möglich gehalten, daß noch mitten im dritten Lebensalter ein so langer Weg, im wörtlichen wie im übertragenen Sinne, zurückgelegt werden könnte.

Einige meiner Schüler werden von ihren Ärzten zu mir geschickt. Oft sind es Patienten mit respiratorischen oder energetischen Störungen. Meine pneumophonischen Übungen können die Haupttherapie unterstützen, die man ihnen anderswo angedeihen läßt. Der Arzt verfolgt selbstverständlich die Entwicklung seines Patienten, der bei mir arbeitet, so daß ärztliche Behandlung und Sitzungen zur Stimmbildung miteinander harmonieren und ihre Wirkung gegenseitig verstärken.

Man darf ruhig sagen, die Methode der Analyse, des Aufbaus und der Harmonisierung durch die Stimme erhalte immer ausgeprägter eine paramedizinische Färbung, doch sie ist nicht notwendigerweise die ideale Lösung, denn nicht unbedingt jeder beliebige Patient akzeptiert eine solche Methode. Bei ihm müssen bestimmte Voraussetzungen gegeben sein, etwa: Die Arbeit an der Stimme muß ihm wichtig sein; er muß an Selbsterkenntnis interessiert sein, er muß die notwendige Verfügbarkeit mitbringen, er muß imstande sein, sich selbst völlig in Frage zu stellen; er muß den Willen aufbringen, diese Art von Suchen richtig auf sich zu nehmen, indem er mutig bis ans Ende seiner selbst geht. Viele sind nicht bereit, einen solchen Weg zu gehen. Andere verspüren keine Lust dazu.

Jeder ißt und trinkt am Bankett des Lebens seinem Hunger und seinem Durst entsprechend. Es wäre völlig abwegig zu hoffen, jeder Gast ließe sich mit einem für alle gleichen Gericht sättigen.

Jakobs Kampf

Einem Sprichwort zufolge kommt der Appetit mit dem Essen. Einer meiner Freunde, der sich anfänglich nur durch journalistische Mitarbeit für mich interessierte, nahm an Gesangsübungen teil, um meine Arbeit durch Erprobung an sich selbst von innen her zu verstehen. Von Kindheit an hatte er sich fast ausschließlich auf das Mentale konzentriert, und daraus entwickelte sich durch weitere Studien eine eher sterile Kopflastigkeit. Sein Leben spielte sich in seinem Kopf ab, und bei seiner Kommunikation mit anderen beschränkte er sich auf die hohen intellektuellen Frequenzen, für die er sich entschieden hatte. Sein Leben wickelte sich in der scheinbaren Ruhe einer komfortabel introvertierten Kultur ab. Dieser Mann mit im übrigen angenehmen Umgangsformen lebte in einer Art affektiver Abgeschlossenheit; er nahm nicht das geringste Risiko auf sich und scheute sich insbesondere vor jedem Abenteuer in unbekannten Weiten.

Doch eben gerade die weitere Entwicklung seines intellektuellen Lebens hatte ihm zu verstehen gegeben, daß er sich

in eine Sackgasse verirrt hatte und daß ihm die üblichen Not-
behelfe bei seiner Suche nach einem neuen Weg kaum eine
Hilfe sein würden. Intuitiv ahnte er, daß er sich seines Körpers
bedienen – und möglicherweise gegen seinen Körper wüten –
müsse, um sich spirituell so zu entfalten, wie er es sich eigentlich vorgestellt hatte. Doch einmal mehr blieb es bei einem
bloßen Konzept ohne praktische Auswirkungen. Mangels einer
unmittelbar anwendbaren Technik blieb er zutiefst *enttäuscht*,
und es blieb ihm nichts anderes übrig, als weiterhin sich selbst
zu ertragen; die fehlende Befriedigung äußerte sich bloß in
Form eines besonderen Humors, einer Mischung von Selbst-
ironie und Anmaßung.

Er besuchte abwechslungsweise Kurse in Gruppendynamik und Einzelsitzungen. Er begann Geschmack an den Atem-
und Stimmübungen zu finden, wodurch sich seine Beziehungen zu den Mitmenschen zu verändern begannen. Er knauserte
nicht mit seiner Stimme und kam dadurch den anderen näher.
Schrittweise erlangte (und das kostete ihn viel …) er mehr
Freiheit in seinen zwischenpersönlichen Beziehungen, in
einer ersten Phase insbesondere durch eine gewisse Befreiung
seiner Aggressivität. Er gewann Vertrauen und wurde in seiner
Seinsweise bestärkt, wodurch er immer klarer seine Meinung,
seine Vorliebe, seine Ablehnung äußerte. Seine Arbeit an der
Stimme half ihm dabei, sauberen Tisch in sich selbst zu schaffen, was ihm die Kraft gab, sich aus dem ganzen Netz von falschen Beziehungen zu lösen, das sich um ihn und in ihm gebildet hatte.

Dank dieser Rückbesinnung auf das Wesentliche vermochte er gewisse parasitäre Verhaltensweisen abzustreifen; er
gewann an Nüchternheit und Selbstvertrauen.

Gleichzeitig damit veränderten sich auch seine Beziehungen zu seinem Körper. Dieser Mann, dem es nie gelungen
war, sein physisches Erscheinungsbild und folglich seine Stim-

me voll zu akzeptieren, fühlt sich jetzt besser. Dafür mußte freilich ein hoher Preis bezahlt werden. Die Suche nach aufrechter Haltung und Verankerung im Boden löste bei ihm Ischias verbunden mit einem Bandscheibenvorfall aus. Die Arbeit an der Stimme ist, so sagte er eines Tages zu mir, eine «verdammte Enthüllerin». Halb-lachend und halb-weinend erinnerte er mich an die biblische Geschichte von Jakob, der nach seinem Kampf mit dem Engel «wegen seiner Hüfte hinkte». Mein Freund hat tatsächlich eine spirituelle Wunde (ein Hinken) davongetragen. Wie viele Hirnmenschen leidet er unter einer Verdrängung des Sakralen, das heißt unter einer Schwäche seines Sacrums[31]. In seinem Fall scheint eine seit Jahren anhängige Rückkehr zur Religiosität unvermeidlich zu sein. Sie wird sich vermutlich gleichzeitig mit der Lösung der Spannungen einstellen, die noch den Nacken, die Schultern und den Unterkiefer verhärten. Die schmerzhafte Stelle an der Hüfte wird als Zeuge eines inneren Ungleichgewichts, das lange nicht erkannt wurde, bestehen bleiben.

Lehrgänge und Gruppendynamik

Eine der vollendetsten Anwendungen unserer Methode der Arbeit an der Stimme sind zweifellos die Kurse in Gruppendynamik. Ihr Ziel ist es, den Teilnehmern eine Befreiung, einen Neuaufbau, eine persönliche Entfaltung zu ermöglichen, indem sie es wagen, den anderen gegenüber wahrhaftig zu sein. Ein solches Vorgehen muß früher oder später zu einem harmonischen sozialen Verhalten führen, denn die Stimme ist von ihrem ureigentlichen Wesen her ein Kommunikationsmittel.

Die individuellen Sitzungen sind auf ein langfristiges und auf Tiefe abzielendes Arbeiten angelegt. In die Gruppenarbeit wird jeder einbezogen, wobei er nur über ungefähr eine

Viertelstunde Zeit verfügt. Der Leiter kann sich somit keinerlei Zeitverlust leisten. Innerhalb möglichst kurzer Zeit muß er sich als möglichst wirksam erweisen. Er muß rasch, stark und wahr zuschlagen. Unter solchen Umständen stellt jeder Einsatz notwendigerweise für den Sänger und für die anderen Teilnehmer einen beeindruckenden Schock dar.

Ich sage «Teilnehmer», nicht «Zuschauer», denn innerhalb der Gruppe sind alle zu aktiver Mitarbeit aufgerufen, was einen ausgeprägten Wetteifer garantiert. Die ganze Gruppe stützt den Sänger und fördert seine Entwicklung; sie stachelt ihn an und beschützt ihn gleichzeitig. Bei einer zu starken Spannung besteht allenfalls die Gefahr eines Rückfalls in das Emotionale. Dann muß der Leiter beurteilen, ob diese affektive Entladung für den Teilnehmer notwendig oder nur eine sterile Ausflucht ist.

Nach einigen Tagen solcher Gemeinschaftsarbeit haben sich die Individualitäten von Grund auf verändert; intensive Fortschritte sind gemacht worden. Worauf ist die Lebendigkeit und die Tiefe solcher Veränderungen zurückzuführen? Ich glaube, über Atmung und Ton entsteht eine Energie, die in der Gruppe zirkuliert und sich mitteilt, es entwickelt sich ein besonderes Klima, das von Esoterikern «Egregor» genannt wird.

Solche Lehrgänge spielen sich in einer Atmosphäre der Sammlung ab; durch die unermüdliche Wiederholung des Einatmens, die Klänge der Instrumente und die Gesänge entsteht eine Art Faszination. Die Wiederholung ein und desselben Mantra durch mehrere Stimmen nacheinander wird im Laufe der Lektionen zu einer Art Singsang, der eine gewisse Ähnlichkeit mit Sakralgesängen hat. Von Sitzung zu Sitzung, vom Morgen zum Mittag, vom Mittag zum Nachmittag entwickelt sich eine intensiv erlebte Brüderlichkeit, ohne daß nach Beendigung des Lehrgangs eine Abhängigkeit entsteht. Am letzten Tag, wenn alle dazu eingeladen werden, über ihre

Erfahrungen zu sprechen, ist Freude die dominierende Note in den Meinungsäußerungen.

Diese Lehrgänge stehen außerhalb der Zeit und der Anekdote; Altersklasse und gesellschaftliche Funktion verlieren während der Arbeit ihre Bedeutung, erhalten bleibt nur eine tiefe Identität zwischen den Teilnehmern. Manche Schüler ziehen aus geographischen Gründen diese Möglichkeit allen anderen vor und vollenden ihre ganze Ausbildung auf diese Weise, ganz ohne individuelle Sitzungen. Man stellt fest, daß das Erworbene zwischen zwei Lehrgängen erhalten geblieben ist, ja daß sich die Reifung der Stimme und der Persönlichkeit unbemerkt vom Schüler fortgesetzt hat.

Die Arbeit an Atmung und Stimme und ihre therapeutischen Maßnahmen

Zwischen der Arbeit an der Stimme, wie ich sie auffasse, und bestimmten medizinischen Disziplinen bestehen zahlreiche Übereinstimmungen. So hat sich die osteopathische Methode als sehr komplementär zur meinen erwiesen. Will man eine Stimme wieder in Ordnung bringen, indem man ihr harmonisches Gleichgewicht wiederherstellt, so muß an der Eurhythmie der Muskelsysteme gearbeitet werden, was sich auf die gesamte Persönlichkeit auswirkt.

Homöopathen und Akupunkteure ihrerseits haben die Parallelen zwischen unseren Vorgehensweisen viel früher als ich erkannt. Die Atmungs- und Stimmübungen lösen im Schüler vergleichbare physiologische und energetische Reaktionen wie Homöopathie und Akupunktur aus. Das ist weiter nicht erstaunlich, wenn man die Bedeutung kennt, welche die chinesische Medizin dem Begriff der Atmung beimißt. Auch der

Therapeut versucht, den freien Fluß des Atems bei seinem Patienten wiederherzustellen. Er betrachtet das menschliche Sein als Vermittler zwischen dem Himmel und der Erde: Die Stimme kommt vom oberen Prinzip und benützt das untere, um sich auszudrücken. Dieser Auffassung zufolge offenbaren sich in der Atmung und in der Stimme, die Ausdruck der Innerlichkeit ist, Störungen, die der Patient während seiner psychischen und somatischen Reifung erlebt hat; durch sie lassen sich die so diagnostizierten Blockierungen behandeln.

Durch beharrliche und richtige Einübung der Stimme würde somit eine «Finalisierung» des menschlichen Seins erwirkt, also eine Auflösung seiner Dualität, eine Harmonisierung zwischen dem Oben und dem *Unten* — um die hermetische Terminologie zu verwenden. Der Therapeut läßt sich folglich als Begleiter oder, besser gesagt, als Auslöser des Verantwortungsbewußtseins beim Patienten definieren: Durch geeignete Ernährungs-, Atmungs- und Spiritualitätstechniken wird dieser Handelnder im Bereich seiner eigenen physiologischen und psychischen Gesundheit.

Ein Praktiker in verantwortlicher Stellung im öffentlichen Gesundheitswesen hat in einem Lehrgang für Gruppendynamik an seiner Stimme gearbeitet und dabei die Wirkung dieser Gesangsmethode auf die Psyche und das Atmungssystem erfahren. Aufgrund seiner Beobachtungen hat er sich gefragt: Wäre es nicht möglich, solche Übungen gegen Erkrankungen der Atemwege, in der Vorbeugungsmedizin, bei der Hilfe für Drogensüchtige und Aidskranke anzuwenden?

Jedenfalls lassen sich die psychischen Auswirkungen dieser Arbeit an der Stimme unmöglich übersehen; die Befreiung der Emotionalität und der Affektivität während der Sitzungen beweist es hinreichend. Die von traditionellen Formen der Medizin beschriebene Einwurzelung des Individuums, Vorspiel seiner Neuorientierung zwischen Erde und Himmel, stellt einerseits die körperliche Harmonie wieder her und bewirkt andererseits tiefgehende Veränderungen in der Psyche. Daß Töne und nicht Worte in dieser stimmlichen Disziplin im Zentrum stehen, ist eine Garantie für die Intensität der Erfahrung, die sie anbietet und die auf die Essenz des Menschen, auf sein *Fundament*, seine *Grundlage* einwirkt.

Schon bald hat sich bei dieser Arbeit gezeigt, daß man, sobald man sich der Stimme und der Tiefenatmung zuwendet, bei gewissen Schülern äußerst spektakuläre Manifestationen im emotionalen und affektiven Bereich auslöst: Weinkrämpfe, Wutausbrüche, hemmungsloses Gelächter, Heulen in Fötalstellung am Boden, alle möglichen Formen von befreienden Reaktionen. Die klassischen analytischen Systeme entwirren Konflikte auf einer abstrakten Ebene, übersehen aber, daß jedem psychischen Knoten auch ein physiologischer Knoten entspricht. Die Arbeit am Körper über den Atem und den Ton, durch welche die Stimme in ihrer Vollständigkeit wiederhergestellt wird, öffnet dem Patienten den Weg zurück in die früher verschütteten affektiven und emotionalen Zonen.

Bei dieser Analyse des Individuums durch seine Stimme geht man vom Prinzip aus, daß sich dessen Geschichte dank seiner Stimme neu schreiben läßt. In dieser Stimme ist abgebildet, wie der betreffende Mensch sie benutzt, vor allem aber auch, wie er seine Energie-Atmung seit zartester Kindheit gestört hat.

Der Psychoanalytiker hört die Leidensbotschaft des Patienten aus dessen Worten heraus, durch die Arbeit an der Stimme wird sie aus der Haltung des Schülers, aus seiner Atmung und aus den von ihm ausgestoßenen Tönen entziffert. Der Körper ist sozusagen ein offenes Buch, in dem alle affektiven und aus mitmenschlichen Beziehungen hervorgegangen Erfahrungen aufgezeichnet bleiben. Sobald der Patient eine globalere Atmung und eine wahrere Stimme wiedergefunden hat, werden gewisse Textstellen ausradiert und durch neue Einträge überdeckt: Die psychotherapeutischen Auswirkungen sind offenkundig und lassen sich ohne weiteres durch die besonders interaktive Funktion des Stimmflusses und die Bedeutung der Rückgewinnung des Atemraums für die Wiederaneignung des Selbst erklären.

Diese Arbeit, die ohne eine gesprochene Beziehung zum anderen und folglich ohne deren Verzerrungen auskommt, stellt das Wort wieder her, das nicht mehr als zu entziffernde Botschaft, sondern als reine Freude empfangen wird.

Geboren werden und sterben

Bei gewissen primitiven[32] Völkern wird das Gebären mit Gesang und Rhythmen begleitet. M.L. Aucher hat mit seiner Idee des *vorgeburtlichen Gesangs* darauf zurückgegriffen. Es scheint, die Befreiung der stimmlichen Energie in ihrer harmonischen Wahrheit entspreche der Befreiung des Kindes bei seiner Geburt; der richtige Ton, der aus einer richtigen Energie und einer Beziehung zwischen richtigen Kräften hervorgeht, ist Energie gewordene Materie, während das Neugeborene Materie gewordene Energie ist. Im übrigen hat man mich schon als «Geburtshelfer der Stimme» bezeichnet.

Gewisse Praktiker haben eingesehen, daß es keine bessere Vorbereitung auf das Kindbett, auf die Mutterschaft gibt als die Arbeit an der Atmung, an der Stimme, ebenso auch an der Einwurzelung. Mich überzeugt stärker diese Tiefenwirkung als die spielerischen Funktion des Gesangs, dessen anekdotische Seite mir eher vernachlässigbar zu sein scheint. Adäquate pneumophonische Übungen ohne jede sprachliche, emotionale oder semantische Nebenbedeutung eignen sich meiner Meinung nach am besten dazu, um eine schwangere Frau, woher sie auch stammen mag, auf den universalen Akt der Geburt vorzubereiten.

Die Frau, die ein Kind erwartet, entwickelt ein vollkommen natürliches Hara, und der Gesang kann ihr dabei helfen, dieses noch auszuweiten. Dasselbe gilt für die Statik der Wirbelsäule. Werdende Mütter leiden oft an Kreuzschmerzen, weil ihr Rückgrat nicht darauf vorbereitet ist, ein zusätzliches Gewicht zu tragen, das eine schlecht vorbereitete oder verformte Wirbelsäule aus dem Gleichgewicht bringen kann. Frauen, die rechtzeitig ihre Atmung, ihre Stimme, ihre Verankerung im Boden und ihre aufrechte Haltung trainieren, haben hingegen eine völlig normale Wirbelsäule; das Gewicht des Kindes akzentuiert nur noch und bestätigt eine Krümmung, die durch die vorbereitende Arbeit der Schwangeren bereits vorgezeichnet wurde.

Ich möchte diese Aussage mit dem Fall einer fünfunddreißigjährigen Frau illustrieren, die mit mir zusammen sang, als sie ihr erstes Kind erwartete. Das Kind wog 4,9 Kilogramm und nahm eine Steißlage ein. Durch Haptonomie ließ es sich zwar in eine Normallage bringen, aber es kehrte später wieder zu seiner früheren Stellung zurück. Schließlich brachte die Mutter das Kind innerhalb von vier Stunden zur Welt, und zwar mit einer Leichtigkeit, die den Geburtshelfer erstaunte: aber eben ... singend.

Ein Arzt hat mich eines Tages gefragt, ob wohl eine Vorbereitung auf den Tod durch Gesang möglich wäre. Es wäre denkbar, daß Atem- und Stimmübungen dem Sterbenden dabei helfen könnten, sich ohne nutzlosen Kampf oder unnötige Angst vom Leben zu lösen. Eine solche Hilfe an Kranke in der «Endphase» würde ihnen den Übergang in das *Andere* erleichtern, könnte sie heiter stimmen.

Bis heute wurden in diesem Bereich noch keinerlei Initiativen ergriffen, obwohl man schon oft darüber gesprochen hat. Ich habe aber schon bei Krebskranken und anderen Leidenden Erfahrungen mit dem Gesang sammeln können. Immer wieder hat sich gezeigt, daß unsere Arbeit dem Schüler dabei geholfen hat, den Übergang zu vollziehen, den *letzten Seufzer* heiterer zu erleben.

Schulgesang, Singen in der Familie

Bei Kindern kann die Atmungs- und Stimmdisziplin eine wichtige Rolle spielen. Einer meiner Schüler hat ein Projekt erarbeitet, das sich mit dem Singen in der Schule befaßt und von einer Gemeindebehörde finanziell unterstützt wird. Er arbeitet individuell mit Jugendlichen zwischen sieben und dreizehn Jahren, um den Kindergesang und das gemeinsame Singen zu fördern. Ich konnte die Ergebnisse dieses Versuchs an einigen kleinen Sängern überprüfen, die ich schon früher beobachtet hatte: Eine zwanzigminütige Sitzung pro Woche genügt für die Verbesserung der Atmung und eine Neuausrichtung der Stimme. Schon nach bloß zwei Jahren Arbeit lassen sich physiologische Veränderungen deutlich erkennen, sie wirken sich auf die Gesundheit, das Verhalten und die stimmlichen Leistungen der jungen Schüler aus.

Kinder können auch an Familientherapien auf stimmlicher Basis teilnehmen. Bis jetzt hatte ich noch keine Gelegenheit, diese Methode systematisch zu entwickeln, aber ich kann auf einige konkrete Erfahrungen hinweisen. Es kommt vor, daß ich gleichzeitig mit Kindern oder Jugendlichen und mit deren Eltern arbeite. Ein solches Bemühen dies- und jenseits der Worte führt zu einem Einverständnis zwischen ihnen und stellt die Harmonie in der Familie wieder her, bisweilen freilich erst nach gewissen heftigen Auseinandersetzungen. In der Zelle der Familie greifen mehrere subtile Räderwerke ineinander, die oft schlecht miteinander verzahnt sind. Die Neueinpassung eines einzigen von ihnen blockiert die ganze Mechanik und erfordert eine Überprüfung aller Funktionen, damit die Bewegungen der einzelnen Teile von neuem aufeinander abgestimmt sind und die ganze Maschinerie wieder in Gang kommt.

Nach solchen kritischen und unausgewogenen Perioden verbessern sich die Beziehungen innerhalb der Familie wieder. Ich stelle beispielsweise oft fest, daß Kinder in dem Alter, wo die «Nabelschnur» durchschnitten wird, diesen Übergang leichter schaffen.

Sitzungen in Familiengesang lassen sich mit einer Psychoanalyse vergleichen, insofern die Arbeit in der Tiefe, die einer der Teilnehmer erbringt, sich unausweichlich auf seinen oder seine Partner auswirkt. Falls diese nicht reagieren oder gegenüber dem Partner oder den Eltern Zurückhaltung üben, lassen sich die Konflikte klar erkennen. Ein Schüler sagte eines Tages zu mir, er habe endlich begriffen, was einer seiner Freunde gesagt habe: «Wie schwer ist es doch, sich selbst zu sein.» Das stimmt, aber es ist dennoch eine Pflicht, es zu werden. Sich selbst sein bedeutet bisweilen, daß man zwar eine falsche Wahl getroffen hat, diese aber in Frage stellt und deshalb eheliche, gefühlsmäßige oder andere Bindungen löst.

In den meisten Fällen führt die Neudefinierung seiner selbst und seiner Beziehungen zum anderen nicht zur Trennung. Ehepaare und Familien gehen im allgemeinen gefestigt aus dieser Art von Arbeit hervor, weil sie durch gemeinsam und einvernehmlich erlebte Atmung und Töne wahrer und geeinter geworden sind.

Der Gesang und die Kampfsportarten

Die Philosophie unserer Arbeit läßt sich mit der der Kriegskünste vergleichen; in beiden Disziplinen betrachtet der eine solche Kunst ausübende Mensch sich selbst als seinen ersten Feind. Mehrere Anhänger der Kriegskünste haben sich vom von mir vorgeschlagenen Training der Atmung und der Stimme angesprochen gefühlt und gehören zu meinen ausdauerndsten Schülern. Damit möchte ich in keiner Weise grundlegende Methoden wie Yoga, Zen oder Tai-chi-chuan anzweifeln; daß sie ihre Berechtigung haben, ist seit Jahrtausenden bewiesen.

Doch ich habe feststellen müssen, daß Kampfsportarten bisweilen durch wenig qualifizierte Lehrer, die den ursprünglichen Geist pervertieren, ungeschickt gelehrt werden; viele Schüler sind der Meinung, es handle sich um bloßen *Kampfsport*, und befassen sich deshalb mit diesen Disziplinen in einem durch Konkurrenzdenken geprägten Geist. Auch wenn sie sorgfältig informiert worden und von einer positiven Mentalität beseelt sind, sind viele dieser Adepten, so wie ich es sehe, nicht dazu bereit, auf diesem Weg sich selbst zu verwirklichen: Auf energetischer, statischer und muskulärer Ebene sind sie durch Blockierungen und Spannungen gezeichnet, die sich auch durch hartnäckiges Einüben in diesen Künsten nicht beseitigen lassen, die sich in gewissen Fällen sogar noch verschärfen.

Falls hingegen der Boden gut vorbereitet, der betreffende Mensch richtig zentriert ist, die Lehre durch einen wirklichen Meister korrekt weitergegeben wird, findet der Adept sein Gleichgewicht, und es bleibt in ihm auch bei stürmischem Wetter und Seegang erhalten. Der Schlüssel zum Erfolg ist der Meister. Ich möchte hinzufügen, daß nicht jeder, der sich Meister nennt, es unbedingt sein muß ... Doch diese Übermittlung vom Meister zum Schüler ist wesentlich und ewig. In den

Kriegskünsten wie beim Gesang, beim Tanz, allgemeiner gesagt: bei jedem Tun, das subtile Energien nutzt, ist die Qualität des Meisters für die des Unterrichts entscheidend. Zur Zeit behaupten zuviele wenig qualifizierte Personen, in den von ihnen betriebenen Sälen würden Kriegskünste, Zen oder Yoga gelehrt, und das in Gruppen von zwanzig Schülern. Welch ein Irrtum! Diese Disziplinen erfordern wie die meine eine fortwährende innere Beobachtung der Spannungen im Körper; das ist nur gewährleistet, wenn höchstens zwei oder drei Schüler gleichzeitig betreut werden. Mir persönlich ist es unmöglich, mehr als eine Person gleichzeitig beim Singen zu beobachten.

Es muß auch gesagt werden, daß der Unterricht in den Kampfsportarten oft verfälscht und verwestlicht, sogar politisiert wird; viele Menschen eignen sich die Methoden als bloße Selbstverteidigungs- oder Kampftechniken wie Boxen, Ringen oder andere Sportarten an. In solchen Fällen zielt das Training auf die Aggressivität der Schüler ab, womit man ihnen gefährliche Werkzeuge in die Hand gibt. Eine eigennützige Propaganda in gewissen Filmen, mit denen vor allem die Jugend angesprochen wird, ist in hohem Maße für diese Verschlechterung des Geistes bei den Kampfsportarten durch gewalttätige Bilder und kindische Großtaten verantwortlich.

An Adepten der Kriegskünste, die sich für individuelle Sitzungen oder Gruppenlehrgänge in Gesang bei uns einschreiben, lassen sich, wie ich es eben getan habe, die hier aufgezählten Irrtümer erkennen. Sie setzen sich für eine traditionelle Auffassung von ihren Disziplinen in ihrer ursprünglichen Reinheit ein. Das Tai-chi zum Beispiel betrachtet seine Anhänger wie ein Alchimist als ungeformte Materie, Künstler und Werk. Der Körper, der man ist, im Gegensatz zum Körper, den man hat, wird dann als Mittel der Erkenntnis erlebt, weil er die Grundlage für die Beziehung zu sich selbst, zu den anderen und zur Welt ist.

Ein anderes Beispiel: Einer meiner Schüler praktiziert Penchak silat im Garpong-Stil, eine in Europa noch wenig bekannte malayisische Kriegskunst. Es handelt sich um einen jungen Mann mit hohen moralischen und physischen Eigenschaften, der jederzeit bereit ist, sich großherzig für etwas einzusetzen. Während einer für ihn besonders schwierigen Sitzung gelang es ihm, mit Hilfe von Atmung und Stimme bestmögliche Beziehungen zwischen diesen beiden Energien herzustellen; doch in eben diesem Augenblick brachte sein Körper keinen einzigen Ton mehr zustande. Ich sagte daraufhin zu ihm, falls er kämpfen und wirklich seine Energie und nichts als diese gebrauchen müßte, so erreiche er meiner Meinung nach «nur darin seine Leistung». Von dieser Formulierung beeindruckt, setzte er seine Penchakkurse fort mit dem Ziel, sich ein Lehrerdiplom zu erwerben. Von den Erfahrungen ausgehend, die ihm unsere Gesangssitzungen ermöglicht haben, überdenkt er mit neuem Feingefühl die Ausbildung in den Kriegskünsten, die ihm zuteil geworden war. Bis dahin hatte er seine Kunst unter gewaltiger Spannung ausgeübt. Er ist sich bewußt geworden, daß der Geist des Penchak völlig verfälscht worden ist; er bemüht sich jetzt um eine Neugestaltung, und zwar vorerst an sich selbst, um sie später weitergeben zu können.

Korrektur der Aussprache und Gesangunterricht

Nachdem ich vier Jahre lang Erfahrungen bei der Stimmarbeit mit einer Theatergruppe gesammelt hatte, mußte ich feststellen, daß die Schauspieler in meinen Augen neben außergewöhnlichen Fähigkeiten auch einen groben Mangel aufwiesen: So wie sie heute «ausgebildet» werden, üben sie sich darin ein, oberflächlich den für die Sinne wahrnehmbaren äußeren

Schein wiederzugeben, wie man von ihnen verlangt, aber sie sind nie bereit, bis ans Ende und bis auf den Grund ihrer selbst zu gehen.

Als ich später mit der Abteilung für ausländische Studenten an der Universität Lille III zusammenarbeitete, versuchte ich, diesen Studenten mit der bei meinen Schauspielern angewandten Methode dabei zu helfen, ihre Französischaussprache zu korrigieren.

Es zeigte sich rasch, daß sich der Akzent durch Beherrschung der Tiefenatmung und der Stimmrichtung auf eindrückliche Weise korrigieren ließ. Dank solchen Kursen konnte ich Studenten aus fünfundfünfzig Nationen sprachlich «umerziehen» und dadurch experimentell verifizieren, was ich vorausgeahnt hatte: Auf der Stufe der Tiefenatmung und des Schreis im Rohzustand sind wir alle gleich, unabhängig von Rasse, Kultur, Sprache und Nationalität.

Wie läßt sich ein solches Ergebnis erklären? Ich würde folgendes vorschlagen: Sobald man es einem Menschen ermöglicht, den Kontakt zu seiner Tiefenatmung wiederherzustellen, und ihm aufzeigt, wie er sie beherrschen kann, scheint er viel leichter den Weg zur Quelle aller phonemischen Systeme und zur richtigen Aussprache einer Sprache zu finden, mit der er sich vertraut zu machen versucht. Ließe sich die Aussprache der Muttersprache nicht mit einer Wandtafel mit einem Text darauf vergleichen? Die heutige Methode beim Erlernen der Aussprache einer Fremdsprache besteht darin, daß man über den alten Text auf der Wandtafel einen neuen schreibt. Meine Technik zielt eher darauf ab, das Geschriebene zuerst *auszulöschen, tabula rasa* zu machen, und den Lernenden in seinen Geburtszustand phonemischer Verfügbarkeit zurückzuversetzen. Meine Untersuchungen über Lehrmethoden für Fremdsprachen auf der Grundlage der Stimmbildung waren 1986 das Thema einer Mitteilung im Rahmen eines SGAV-

Kolloquiums – strukturglobale Audiovisualität – an der Freien Universität Brüssel; die Referate sind in der *Revue de Phonétique appliquée* veröffentlicht worden.

Was den Gesangunterricht betrifft, muß eingestanden werden, daß er nicht durch Effizienz glänzt. Bei meiner Arbeit an der Tiefenatmung und an der Richtung der stimmlichen Emissionen bei schwierigen Patienten habe ich festgestellt: Sobald die Ausbildung beendet ist, *haben alle eine Stimme,* und zwar nicht eine beliebige, sondern eine große und schöne Stimme. Weshalb aber sind solche Stimmen so selten auf dem Theater-«Markt»?

Die Ausbildung der Schauspieler wie auch der Sänger müßte grundsätzlich neu überdacht werden. Vorbilder liefern uns traditionelle Künste wie Nô oder Kabuki, die beweisen, daß die Heftigkeit des Kinderschreis, im ganzen Körper ausgereift und harmonisiert, der Rohstoff jeder wahren Stimme ist.

Sehen wir uns die heutigen Schauspieler an. Beinahe alle haben eine *neurotische Wirbelsäule,* wie Wilhelm Reich sie nennt. Ich kenne sie bestens. Den ganzen Tag über bekomme ich solche gekrümmten Rückgrate zu sehen. Beinahe wir alle sind so gebaut, aber wir können unsere Haltung bis zu einem gewisse Grade korrigieren, falls wir nicht diese Symptome eines Verfalls durch eine fortwährend neurotische Aktivität noch verschärfen. Aufgrund der Erfahrungen mit Schauspielern nehme ich an, daß sie eben gerade diesen Fehler machen. Anstatt ihr Spiel und sich selbst durch eine Beherrschung ihres eigentlichen tiefen Wesens aufzubauen, pflegen sie systematisch ihre ängstlichen Spannungen, die sie auf eine Art Höhepunkt zu treiben versuchen.

Meine erste Erfahrung mit einem Schauspieler war höchst aufschlußreich; während ich üblicherweise nur mit größter Mühe eine Stimme aus ihm herausbrachte, konnte er sofort und ohne sichtbare Einschränkung zu spielen beginnen.

Aber es war eben nur ein Spiel. Die Atmung und die Stimme waren impulsiv und neurotisch, so wie er es sich an der Schauspielschule angewöhnt hatte. Sobald ich von ihm verlangte, daß er etwas tiefer in sich selbst vorstoße, wich er aus. Wenn ich darauf beharrte, floh er. Er wollte mit seiner Stimme zwar spielen, aber nur gerade das, und das gilt für alle seine Kollegen, die ich später kennengelernt habe.

Ich erinnere mich an eine nächtliche Diskussion mit einem talentierten Berufsschauspieler; wir versuchten, die Unterschiede im Spiel zweier bekannter Schauspieler – der eine, Piccoli, völlig selbstbeherrscht, der andere, dessen Name verschwiegen sei, nur seine Neurosen nutzend – zu analysieren.

Der eine ist ein wirklicher Schauspieler, das heißt, er dringt in ein Stück, in einen Teil eines Lebens ein, das er nach Meinung des Autors lebendig machen soll. Der andere ist ein Schauspieler im Sinne von J.-L. Servan-Schreibers Artikel mit dem Titel: *Ist die gekünstelte theatralische Darstellung eine Neurose?* Zu oft, stellten wir fest, fühlt sich der Schauspieler gezwungen, um sein psychisches Potential wieder aufzubauen, zum Alkohol, zur Droge zu greifen, bis die Marionette in sich zusammenfällt.

Professionelle Schauspieler sind durch ihre Ausbildung in diesem Sinne geprägt worden; es ist zu vermuten, daß sie aus freien Stücken so spielen. Die traditionellen Ausbildungsmethoden sind aufgegeben worden: Die Kurse in Ausdrucksweise, in Vortragskunst, Interpretationen klassischer Szenen bereiten nicht mehr auf eine kreative Gestaltung vor. Die meisten Theaterschulen legen im Gegenteil den jungen (definitionsgemäß noch unreifen) Menschen sogleich sehr schwere Rollen vor, was in keiner Weise zum Aufbau der eigenen Persönlichkeit beiträgt, sondern die künftigen Schauspieler nur dem Risiko einer psychischen Implosion aussetzt. Am Ende verfügt der Regisseur willkürlich über eine Schar von Schauspielern, die auf der Suche nach Rollen, aber mehr noch nach *Persön-lichkeit* sind, und das ist dramatisch. Der Regisseur oder der Produzent, die den Unterschied zwischen einer Truppe und einer Herde kennen, werden so zwangsläufig zu allmächtigen, wenn nicht sogar tyrannischen Würdenträgern.

Diese menschlich nicht tolerierbare Situation drängt zweifellos eine völlige Neuausrichtung der Ausbildungsmethoden für Schauspieler auf. Meiner Meinung nach wären die Studenten dringend in die auf der Atmung oder dem Körper aufbauenden Techniken der Selbstverwirklichung einzuführen. Am Ende dieses Individuationsprozesses hätten diejenigen, bei denen der Wunsch nach einer Bühnen- oder Filmlaufbahn erhalten geblieben ist, die Möglichkeit, ihre Ausbildung auf einer soliden Basis fortzusetzen. Sie wären auf jeden Fall darauf vorbereitet, mit den Widrigkeiten eines Berufs fertigzuwerden, in dem man sich viel amüsiert, zehn Monate im Jahr als Arbeitsloser ...

Der sakrale Gesang

Ich bin auch mit einigen religiösen Gemeinschaften in Beziehung gekommen. So nahm eine Benediktinerinnen-Gemeinschaft in Nordfrankreich Kontakt zu mir auf. Eine junge Nonne litt unter schweren Atembeschwerden. Ihr Arzt empfahl ihr nach vielen Konsultationen, vierzehn Tage lang nicht mehr zu singen. In solchen Abteien singen Mönche und Klosterfrauen manchmal bis zu fünf Stunden im Tag. Während dieser Pause verbesserte sich der Atmungszustand der Patientin außerordentlich. Diese Feststellung bewog den Therapeuten, der Schwester einen Besuch bei mir zu empfehlen.

Sie kam in Begleitung einer älteren Nonne zu mir, der Krankenschwester der Gemeinschaft, die ihr bei meiner Arbeit

Gesellschaft leistete. Diese Klosterfrau, die nach neuen Methoden suchte, lud mich ein, die Gemeinschaft zu besuchen, um allen Mitgliedern das richtige Singen beizubringen. So wurde ich in diesem Kloster ein Animator mit eigenem Studio. Ich stellte fest, daß die Schwestern schlecht sangen, insbesondere auch in schlechter Haltung, und daß der gregorianische Gesang, den sie in zu hohen Tonlagen pflegten, tatsächlich Erkrankungen der Atemwege und Stimmstörungen auslöste.

Der sakrale Gesang müßte, wie bereits angetönt, eine Harmonisierung der sieben Chakren als Grundlage haben. Soll dieses Ziel erreicht werden, drängt sich eine vertiefte Arbeit am Instrument auf. Die heute verbreitete «fleischlose» Interpretation des gregorianischen Gesangs zeugt von einer vollständigen Verkennung – wenn nicht von einer bewußten Ablehnung – der unteren Chakren 1 und 2. Anstatt die Sexualkraft zu transzendieren, ziehen es katholische Sänger vor, sie zu ignorieren, zu zensurieren. Die Praxis der überhohen Töne ist schädlich für das Körperinstrument, für die Atmung, den Atem und den Ton, Grundprinzipien des sakralen Gesangs, der ohne sie seinen Sinn und seine Strahlkraft verliert.

Als Folge dieser ersten Erfahrung wurde entschieden, daß ich einen meiner Schüler delegieren würde, um es den Benediktinerinnen zu ermöglichen, sich in ihrer eigenen Abtei einzuüben. Ich behielt mir die Überwachung des Werks vor. Im Einverständnis mit der Hierarchie von Solesmes ist es mir mit der Zeit gelungen, eine Schwester in meiner Arbeitsmethode für die Stimme auszubilden, so daß sie ihr Wissen täglich innerhalb der Gemeinschaft weitergeben kann. Das ging nicht von selbst. Erstarrtes mußte aufgerüttelt, Widerstand überwunden werden. Schon bald gab es Aussagen, die uns bestätigten. Der Gesang wurde als schöner, strahlender beurteilt. Insbesondere die Novizinnen waren begeistert, doch einige ältere Schwestern blieben der früheren Praxis treu.

Der Versuch läuft jetzt seit vier oder fünf Jahren. Die Hierarchie ist neugierig geworden, weil sie frischen Wind zu verspüren glaubt. Tatsächlich, in mönchischen «Hochburgen», wo der gregorianische Gesang noch gepflegt wird, sind die Ergebnisse derart zufällig, daß sich meiner Meinung nach eine Reform aufdrängen würde. So kann ich beispielsweise bestätigen, daß in Solesmes der Gesang derart hochgespannt ist, daß die Sänger in gewissen Situationen die hohen Töne nicht mehr durchhalten können, die sie von sich selbst fordern. Die Phrasierung bleibt schön, doch der Gesang wird falsch in bezug auf die Orgel, die ihre Tönung bewahrt hat.

Ich habe bereits darauf hingewiesen, es wäre eine historische Grundlagenforschung zu veranlassen, um die Praxis des sakralen Gesangs mit der stimmlichen und körperlichen Wahrheit der Mönche und Klosterfrauen in Einklang zu bringen.

Auch von Mönchen wurde ich ersucht, ihnen bei der Lösung von Gesundheitsproblemen beizustehen, die mit der intensiven Pflege des Gemeinschaftsgesangs zusammenhingen. Ein während langer Zeit auf falschen Grundlagen praktizierter Gesang kann offensichtlich über pneumophonische Schwierigkeiten Störungen im statischen, physiologischen und psychischen Bereich auslösen. Im allgemeinen werden von Mönchen Tonlagen verlangt, wie sie ein Tenor oder ein Sopran hervorbringen könnte. Doch die meisten von ihnen haben tiefere Stimmen. Falls die stimmliche und physiologische Persönlichkeit wiederholt verkehrt eingesetzt wird, verschlechtert sich das Instrument in jeder Hinsicht.

Die Mönche und Nonnen, die diese Methode der Arbeit an der Stimme benutzen, haben sehr bald und sehr tief erkannt, was wirklich auf dem Spiel steht. Was nämlich? Am besten befragt man sie selbst. Deshalb seien hier die Zeugnisse eines Benediktinerpaters und einer Benediktinerin wiedergegeben.

Jubilierend singen
Pater Emmanuel Latteur, Benediktinermönch

«Sehen Sie nicht mich an, nicht ich bin es, es ist die Idee», sagte die große Tänzerin Isadora Duncan, als sie eines Tages Sacharow eine ihrer Kreationen vorstellte. «Das war ihre Art, Zeugnis von einem Größeren als sie abzulegen; sie löschte sich selbst aus, um den Gipfel ihrer Kunst zu erreichen», kommentierte Maurice Zundel[35].

Etwas Größeres als wir geschieht in uns, und das auch in Zeiten der Prüfung, wenn wir richtig darauf achten und ein wenig damit einverstanden sein wollen. Die Regel des heiligen Benedikt hat die Mönche seit fünfzehn Jahrhunderten davon überzeugt, sie, deren zutiefst menschliche Pädagogik darauf aufmerksam macht, daß man sein Schwerezentrum *(gravitas)* erst findet, wenn man viele Tode durchquert hat! Sie legt «das von Schwere durchdrungene Wort» fest, indem sie vom Schweigen als einem friedlichen und großartigen Aufschwingen ausgeht, das von einer Kommunion mit der Gegenwart im Innersten des Herzens herrührt; und diese Gegenwart ist teuer erkauft worden durch von Geduld durchdrungenem Schweigen (4. Grad, Kapitel 7), durch Erkennung und Eingeständnis seiner Schwäche und Machtlosigkeit (5. Grad), durch die Akzeptierung langer Annäherungswege, auf denen «der innere Mensch von Ruine zu Ruine zu gehen scheint» (Paulus, 2Kor, 4,16; 6. und 7. Grad). Für den heiligen Benedikt ist die Sachlage klar, der Mensch muß lange lernen, mit der Atmung des Geistes im Innersten seines Herzens in Einklang zu kommen, damit in ihm der neue Mensch durchbricht, der von innen her das Wort und das Verhalten umformt.

Damit soll gesagt werden, daß ein Mönch sich üblicherweise nicht wundern sollte, wenn eines Tages ganze Mauern seiner Existenz in sich zusammenfallen und während langer Zeit nicht wiederaufgerichtet werden können. Und dennoch, ich muß es zugeben, war ich erstaunt und zutiefst erschüttert, als nach zu langer Müdigkeit, nach der einen oder anderen Operation und infolge zu rasch wieder übernommener, schwer auf mir lastender Verantwortungen die Gesundheit sich verschlechterte, der Schlaf sich pfeilschnell vor mir flüchtete und mich ohne Stimme mit einer schweren Verspannung der Stimmbänder hinter sich zurückließ. Kein Gesang mehr während des Gottesdienstes, keine Vorträge, keine Kurse und keine Gespräche mehr, keine Möglichkeit mehr, meine Kräfte noch einmal für die Gemeinschaft einzusetzen. Kurzum, ein fast vollständiges Schweigen während viereinhalb Jahren, das noch immer andauern würde, hätte ich nicht meinen Stimm-Professor gefunden. Die medizinische Fakultät sah keine andere Lösung als eine Beendigung aller stimmlichen Leistungen und eine «Umstellung auf den literarischen Bereich».

Als ich an diesem Punkt angelangt war, hat mir das Vertrauen in die im Grunde unseres Seins verborgenen und durch eine geeignete Technik und ebenso durch eine tiefe und gründliche Atmung wiederbelebbaren Kräfte, welche die ganze Atmung und den ganzen Körper umgestalten, diese Stimme zurückgegeben, an die ich nicht mehr geglaubt hatte. Nach zehn Lektionen einer anspruchsvollen Therapie (etwas weniger als ein Jahr) war das Ergebnis derart erstaunlich, daß sogar die Fakultät einräumen mußte, meine Stimme sei wieder fast normal geworden (ich übernehme sogar manchmal die Rolle des Vorsängers!).

Zurückblickend scheint mir diese Entwicklung wunderbar einem Vorgang zu entsprechen, den uns unsere christliche spirituelle Tradition immer wieder in Erinnerung gerufen hat und den wir doch so rasch vergessen! Es gibt eine Entsprechung, eine nachdrückliche Konvergenz zwischen dieser Arbeitsmethode an der Stimme und dem, was uns die christlichen spirituellen Meister lehren, und ich finde darin eine sehr schöne Bestätigung eines persönlichen Weges. Erlauben Sie mir, einige Aspekte dieser Berührungspunkte hervorzuheben.

1. Es gibt in uns mehr als wir selbst: einen Atem, der heilt und umgestaltet. Schon für den heiligen Clemens von Alexandria (5. Jahrhundert) ist unser Leib dazu geschaffen, um in sich das göttliche Wort singen zu lassen: «Das Wort Gottes, das Lyra und Kithara, Instrumente ohne Seele, verachtet, hat durch den Heiligen Geist unserer Welt und insbesondere diesem Mikrokosmos, dem Menschen, seinem Leib und seiner Seele, Regeln gegeben. Er bedient sich dieses vieltönigen Instruments, um Gott zu preisen, und er singt selbst in Einklang mit dem menschlichen Instrument. Denn du bist für mich eine Kithara, eine Flöte und ein Tempel, eine Kithara durch deine Harmonie, eine Flöte durch deinen Atem, ein Tempel durch deine Vernunft derart, daß die eine schwingt, die andere atmet und dieser den Herrn aufnimmt. Indem der Herr seinen Atem in dieses schöne Instrument, das der Mensch ist, eingehaucht hat, machte er ihn nach seinem Bilde, doch er selbst ist ebenfalls ein ganz harmonisches Instrument der Gottheit, gestimmt und heilig, himmlischer Logos»[34]. Ein halbes Jahrhundert vor ihm hatte der heilige Irenäus von Lyon (2. Jahrhundert) die Grundlagen zu dieser Anthropologie gelegt, als er sagte: «Dort wo der Geist des Vaters ist, dort ist der *lebendige Mensch:* [...] Das *Fleisch,* in dem als Erbe der Geist einwohnt, vergißt, was es ist, um sich die Qualität des Geistes zu erwerben und mit dem Wort Gottes gleich zu werden» (*Adv. Haer.,* V, 9,3; S.C. 153, S.115f.).

2. Die Zwänge der Existenz lassen in uns oft eine Spannung, eine Sorge, eine Müdigkeit entstehen, so daß unser Lebensrhythmus zu rasch wird, sich verwirrt und erschöpft. Man muß dann tiefer in sich selbst eindringen, einen friedlicheren

und ruhigeren Bereich suchen, der unsere Akte inspiriert. Eine Atemtechnik kann uns dabei tatkräftig unterstützen, wie schon die christlichen Hesychasten betont hatten[35]. Ruysbroeck (14. Jahrhundert) hat dieses «Urfieber» kritisiert, das «sich als alltäglich bezeichnet; es ist die Vielheit des Herzens, denn die Menschen wollen alles wissen, über alles sprechen, alles korrigieren und beurteilen, und sie vergessen oft sich selbst. Sie sind voller innerer Unruhen, [...] und bei geringster Gelegenheit geraten sie in Verwirrung. Ihr Fieber ist vielfältig, bald das, bald jenes, bald hier und bald dort, es ist mit dem Wind vergleichbar. Es ist ein Alltagsfieber, denn das alles zehrt sie auf, beunruhigt sie, macht sie vielfach vom Morgen bis zum Abend und manchmal noch in der Nacht im Schlaf, oder beim Erwachen, es nimmt ihnen den Geschmack an Gott und an allen Tugenden. Es ist ein Schaden für alle Ewigkeit[36]».

3. Eines Tages hat mein Stimmprofessor, der mit der Art, wie ich soeben einen Ton hervorgebracht hatte, unzufrieden war, zu mir gesagt: «Ihr Blick ist nicht genügend innerlich!» Er betonte, daß wir uns eines Schwerezentrums in uns bewußt werden müßten, das tiefer ist, als wir glauben, und aus dem unsere regenerierten Handlungen hervorgehen müssen, darin eingeschlossen die stimmliche Handlung. Es existiert in uns ein regenerierender «Grund». Im 14. Jahrhundert hat der große Prediger Johannes Tauler seinerseits gesagt: «Niemals kann der Mensch sich vorstellen, vollkommen zu werden (so weit das im Diesseits überhaupt möglich ist), ohne daß der äußerliche Mensch vom innerlichen Menschen in sich aufgenommen wird; dort wird der Mensch in seine Wohnstatt (das heißt: in den göttlichen Grund) eingeführt; dort vollzieht sich ein solches Wunder, wird ein solcher Reichtum sichtbar[37]. «Jene, die diesen Zustand erreichen, bleiben im Frieden inmitten der Widerwärtigkeit, und sie versinken, mit einem liebenden Verlangen, im *Grund*, indem sie alles in Gott einbringen,

da sie in alle Ewigkeit in Ihm sind und da er sie in seiner Liebe und in seinen Gedanken trägt[38]».

4. Wenn wir uns diesem Grund überlassen, so durchdringt er uns mit Verzicht, Ruhe, Entspannung und Frieden. Zitieren wir einen großen Spirituellen des 17. Jahrhunderts, Angelus Silesius: «Wer in sich selbst ruht, hört das Wort Gottes[39].» «Fragst du, was Gott vorzieht, ob man für ihn handelt oder sich ausruht? Ich sage, der Mensch muß wie Gott *beides tun*[40].» «Das Wort wird noch immer geboren! In Wahrheit, das ewige Wort wird noch heute geboren. Wo aber? Dort, wo du dich in dir selbst verloren hast[41].» «Gott verlangt nichts von dir, außer daß du für ihn ruhst; tue es, und er tut den Rest selbst[42].» «Der Verrückte ist geschäftig; das zehnmal edlere Werk des Weisen besteht darin, zu lieben, zu betrachten, zu ruhen[43].» «Wer ist der Lautenspieler Gottes? Ein Herz, das bis in seinen Grund ruhig wird für Gott, wie Er es will; er liebt es, es erklingen zu lassen. Es ist sein Lautenspieler[44].»

5. Daraus erwächst die Notwendigkeit des Einübens, wodurch wir uns für unser neues Schwerezentrum öffnen! Hier verweise ich auf die ganze hesychastische Tradition, deren berühmtester Vertreter der heilige Gregorios Palamas (14. Jahrhundert) war (ich erinnere zu diesem Thema auf die schönen Studien von Jean Meyendorff). Doch es gibt auch im Abendland eine lange philosophische Tradition der inneren Erfahrung, die Louis Lavelle die «reflexive Umkehr» nennt:

«Diese Reflexion ist ein *Akt*, der sich selbst umkehrt und immer seine eigene Quelle sucht. Ein solches Vorgehen verfolgt keineswegs einen Gegenstand, der vor uns flieht; es ist das Vorgehen, durch das der Geist seine eigene Innerlichkeit schafft, sich in ihr festsetzt und eben aus der Einübung seiner Freiheit die Gründe hervorgehen läßt, die sie rechtfertigen. Hier sind wir an dem Punkt, wo wir, indem wir uns zwingen, Ursache unserer selbst zu werden, in das ursprüngliche Geheimnis der Schöpfung eindringen, um uns zu zwingen, im Augenblick zu leben, in dem die Schöpfung immer von neuem beginnt[45].» Olivier Clément nennt das «die ontologische Verherrlichung der Dinge bewußt machen. In der insgeheim ehelichen Beziehung, die sie mit der Welt vereint, *steht* die Welt wie eine unpersönliche Weiblichkeit vor ihm, und sie bildet mit ihm ein einziges Fleisch. Das gesamte wahrnehmbare Universum verlängert unseren Körper. Oder, wie wir gesagt haben, was ist unser Körper wenn nicht die Struktur, die unsere Person, unsere *lebendige Seele*, dem universellen *Staub* einprägt, um zwei biblische Ausdrücke zu verwenden. Es besteht kein Unterschied zwischen dem Fleisch der Welt und dem des Menschen; die Welt ist der Leib der Menschheit[46].»

6. Diese stimmliche Methode will uns über das zeitgenössische Geschrei erheben, damit wir die ganze Kraft und Frische der ersten stimmlichen Äußerung des Kindes wiederfinden. Es war ebenfalls Olivier Clément, der gesagt hat: «Wir sind eine Kultur geworden, in der man nicht mehr weint, und deshalb beginnt man heute derart zu schreien. Die Jungen schreien, als ob sie in sich die Seufzer des Geistes befreien möchten, der in ihrem versteinerten Herz gefangen ist[47].» Indem wir in uns, im Grunde des Seins, die Quellen des Geistes wiederfinden, lernen wir, die Stimme und den Gesang aus einem tiefen *Jubilieren heraus* neu zu modellieren.

«Gut für Gott zu singen bedeutet jubilierend zu singen. Was heißt *jubilierend singen*? Begreifen, daß die Worte nur in Gesang umgesetzt werden können, wenn es das Herz ist, das singt. Seht euch doch die Menschen an, die während der Ernte oder der Weinlese oder bei irgendeiner anderen Arbeit singen, die sie ganz in Beschlag nimmt. Kaum haben sie angefangen, ihre Freude durch gesungene Worte auszudrücken, beginnen sie unter der Herrschaft dieser zu überschäumenden Freude, als daß sie sich in Worte fassen ließe, alle artikulierten Wörter beiseite lassend, Jubelschreie auszustoßen. Jubilieren kommt zustande, wenn das Herz das von sich gibt, was der Mund nicht aussprechen kann. Und wer kann folglich besser als der unaussprechbare Gott Gegenstand eines Jubilierens sein? Das unaussprechliche Sein ist dasjenige, das nicht ausgesagt werden kann; wenn du es also nicht aussagen kannst und du nicht schweigen mußt, dann bleibt dir immer noch das Jubilieren, so daß die Herzensfreude ohne Hilfe der Wörter ausbricht und die Unermeßlichkeit der Freude die engen Grenzen der Wörter überschreitet?[48]»

Meine Stimme lernt immer besser, dieses Jubilieren wieder zu übersetzen.

Von der Stimme zum monastischen Weg
Schwester Mechtilde, Benediktinerin

Hätte ich vor zwei Jahren auf die Frage antworten müssen: «Wie steht es bei Ihnen als Klosterfrau mit der Arbeit an Ihrer Stimme?», würde ich ohne zu zögern gesagt haben: «Vor diesem Eingriff bestand ernsthaft die Gefahr, daß ich meine Stimme verlieren würde; die Stimme entglitt mir, so daß es mir immer schwerer fiel zu singen, ohne mit der Zeit eine gewisse Müdigkeit zu spüren. Dank diesem Eingriff ist alles wieder in Ordnung.»

Und was würde ich heute antworten, wenn mir diese Frage abermals gestellt würde? Was die Stimme betrifft, würde ich noch immer mit Ja antworten, aber ich bin mir nicht mehr so sicher, ob ich wirklich meine Stimme wiedergefunden oder ob ich nicht ganz einfach meine Stimme gefunden habe. Ich bin somit noch immer vom Nutzen überzeugt, den diese Arbeit gebracht hat, aber so paradox es klingen mag, ich muß

sagen, daß sich mir als zusätzlicher Eindruck zu dieser Gewißheit eine Frage gestellt hat. Ich möchte sogleich hinzufügen,
daß es sich um eine Frage handelt, die ich mir selbst stelle:
«Bist du sicher, daß du den ganzen Einsatz, der mit dieser Arbeit an der Stimme verbunden war, begriffen und ermessen
hast? Handelte es sich tatsächlich bloß um eine Atmungs- und
Stimmübung?»

Und so befinde ich mich in einer einigermaßen schwierigen Lage! Auf irgendeine Weise muß ich herauskommen aus
dieser Situation, aber wie? Vielleicht indem ich damit beginne,
daß ich dieses wirre, ungenaue und schwankende «Gefühl» so
klar wie möglich formuliere.

Um das Gelände von der wuchernden Vegetation zu säu-
bern und klare Fixpunkte zu setzen, verfiel ich auf den Gedanken, die beiden «curricula vitae», das meines Professors und
mein eigenes, einander gegenüberzustellen. Und ich war nicht
schlecht überrascht, als ich feststellte, wie sehr diese beiden so
verschiedenen Lebenswege sich treffen und an wesentlichen
Stellen in bezug auf ihre jeweiligen Lebensentwürfe gewissermaßen kommunizieren.

Ohne eine Indiskretion zu begehen, scheint es mir, ich
dürfe es mir erlauben, an dieser Stelle die Identitätskarte meines Professors zu analysieren; dabei lese ich zuerst: Karriere als
lyrischer Tenor, was besagt, daß die musikalische, genauer gesagt, die stimmliche Kunst sein erster Lebenszweck war. Er
beendete diese künstlerische Karriere. Aus dem «Sänger» wurde ein «Erforscher» der Gesangkunst, das heißt, er wurde
«Therapeut» der Stimme.

Diesem Übergang – oder muß man von «Bekehrung»
sprechen? – vom «Sänger» zum «Therapeuten» entspricht, so
scheint mir, ein Wechsel in der Betrachtungsweise auf der Stufe der Stimme. Ich stelle es mir so vor: Die Stimme, die zuerst
aus einem besonderen und klar umrißenen Blickwinkel als

musikalisches Organ und Instrument betrachtet worden war, nimmt jetzt seine Aufmerksamkeit, die Aufmerksamkeit des Therapeuten, als spezifisch menschliche Funktion in Anspruch, und zwar sowohl unter dem Gesichtspunkt der zwischenpersönlichen Beziehungen als auch von einem persönlichen Standpunkt her gesehen im Hinblick auf den Zugang zur eigenen Identität. Um sie geht es, und durch sie bringt sich der Mensch umfassend zum Ausdruck. Die Stimme, sowohl als Gesangs- als auch als Wortregister, übersetzt oder verrät das *ganze* Wesen, die *ganze* Person. Sie ermöglicht dadurch eine sozusagen unmittelbare und globale Erfassung des Menschen, den man mit Recht als «sprechenden Körper» definiert.

Wenn ich meinerseits mich zu «definieren» versuche, genügt es mir, so glaube ich, den heiligen Benedikt zu zitieren, und damit kneife ich nicht etwa. Im vierten Kapitel seiner Regel stellt er das Kloster als eine Werkstatt dar, in der sich die Mönche mit Hilfe geeigneter Werkzeuge in der «spirituellen Kunst» einüben ... Auf beiden Seiten also die Entscheidung für eine künstlerische Karriere!

Bevor ich mich aber genauer über die wirklichen Implikationen auslasse, die mit der Ausübung dieser «spirituellen Kunst» verbunden sind, möchte ich noch eine andere Definition des Klosterlebens vorschlagen, die auf eine noch ältere Tradition als die des heiligen Benedikt zurückgeht.

Im ersten Jahrhundert unserer Zeitrechnung bestand im ägyptischen Alexandria eine Gemeinschaft von jüdischen Laien, die sich der Kontemplation geweiht hatten. Der jüdische Philosoph Philon, dem wir diese Kenntnis verdanken, bezeichnet sie als «Therapeuten». Und drei Jahrhunderte später sieht der heilige Hieronymus in dieser Lebensform asketischer Juden eine Vorwegnahme des Mönchtums, das sich damals zu entwickeln begann.

Etymologisch bedeutet dieser dem Griechischen entnommene Ausdruck «Therapeut» einerseits *derjenige, der sich dem göttlichen Kult hingibt oder weiht,* und andererseits *derjenige, der sich der Pflege des Körpers weiht.* Der «Therapeut» übt also hier einen medizinischen Beruf in einem sehr weitgefaßten Sinne aus. Denn dem *ganzen* Menschen gilt seine Pflege. Die Krankheit, in welcher Form auch immer, nimmt zwar zunächst die Aufmerksamkeit des Therapeuten in Anspruch, dieser kümmert sich aber auch um die Gesundheit insgesamt, die zuerst wiederherzustellen und später zu festigen und dynamisieren ist.

Muß auf die Kontinuität zwischen der körperlichen Therapie und der spirituellen Therapie besonders hingewiesen werden? Der Mensch ist ein Beziehungswesen, das heißt er ist «Sein-in-der-Welt», «Sein-für-andere» und in letzter Instanz «Sein-für-Gott». Betrachtet man ihn aus diesem Blickwinkel der Beziehungen, einem grundlegenden Aspekt seiner Natur, der unauflöslich – wenn ich so sagen darf – Körper und Geist einschließt, so begreift man, in welchem Grade die stimmliche Funktion grundlegend ist.

Ich glaube, man könnte hier eine erste Bilanz ziehen. Objektiv lassen sich Beziehungen und wechselseitige Entsprechungen zwischen der künstlerischen und therapeutischen Welt meines Stimmprofessors und der klösterlichen Welt feststellen, die den Rahmen meines Lebens bildet. Und das, indem man beide Welten von ihrer wesentlichen Bestimmung her betrachtet. Es sind zwei ganz verschiedene Bereiche: Betrachtet man sie aber aufmerksamer, so erkennt man, daß ihre Heterogenität eher oberflächlich als tief ist. Denn in der Tiefe öffnen sie sich einander. Im vorliegenden Fall kann mein klösterliches «Gelebtes» in seiner Spezifizität vom Eingreifen dieses Lehrers mit seiner eigenen künstlerischen und therapeutischen Kompetenz profitieren.

Man ersieht daraus, es handelt sich um eine objektiv begründete Kommunikation. Man kann deshalb diese Suche fortführen im Wissen, daß sich jenseits einer gelebten und hier dargestellten ganz persönlichen Erfahrung eine Bedeutung und ein Sinn für jemanden zeigen könnten, der seinerseits ein solches Abenteuer wagen möchte.

Wie ich eben gesagt habe, bin ich, um die Nachwirkungen der an der Stimme ausgeführten Arbeit auf mein klösterliches Gelebtes darzulegen, von einer Verwandtschaft auf der Stufe der Wörter ausgegangen: «Therapeut der Stimme» einerseits und Einübung in eine «spirituelle Kunst» andererseits.

Weshalb aber stellt der heilige Benedikt das Klosterleben als eine Einübung in eine «spirituelle Kunst» dar? Was soll man unter dieser «spirituellen Kunst» verstehen? Handelt es sich um eine bloße Wortwahl, ein reines Bild ohne besonderen Sinn? Oder muß man diesen Ausdruck als mit einer besonderen Bedeutung ausgestattet, als ausdrücklich gewollt ansehen, weil er am besten die Absicht seines Autors verdeutlicht? Um das zu entscheiden, muß man sich zuerst fragen, ob dieser Ausdruck vom heiligen Benedikt geschaffen wurde oder ob er ihn im Gegenteil aus der Überlieferung übernommen hat. Man kann zunächst beim Text der Regel innehalten, an der Stelle, wo der Ausdruck steht, um den Sinn zu bestimmen. Nach dieser Klärung wäre es möglich, das eigentliche Thema dieser Untersuchung anzugehen: Wie steht es um die «Stimmkunst» in der Regel selbst, wenn man so sagen darf?

Müßte man in einem kurzen Satz, mit Hilfe eines tönenden Bildes zum Ausdruck bringen, wie diese stimmliche Arbeit auf mein Klosterleben nachwirkt, würde ich vorgreifend sagen: «Bis dahin hatte ich die Regel in *Monophonisch* gehört, von da ab hörte ich sie auf *stereophonische Weise*.» Mit anderen Worten, ich war gewohnt, die Regel nur im «ethischen» Register mit Bezug auf die «theologische», vor allem biblische Ordnung zu hören, welche die Grundlage ist. Zwischen diese ethische Ordnung, die des Guten, und die theologische Ordnung, die des Wahren, hat sich von da an die «ästhetische» Ordnung, die des Schönen, eingefügt. Ich verstehe diese Aussage nicht im Sinne einer quantitativen Hinzufügung. Das Ästhetische hat in meinem Hören eine qualitative Bedeutung im Herzen der Ethik und der Theologie, indem es diese gewissermaßen zwingt, sich mit dem Gewicht des Wirklichen zu belasten, indem sie sich der Forderung nach einem konkreten Ausdruck beugen, der «schön» wäre, in Einklang übrigens mit dem menschlichen Gesetz der Inkarnation.

Habe ich aber recht?

Die vom heiligen Benedikt festgelegte Gleichwertigkeit von «mönchischem Leben» und «spiritueller Kunst» stammt nicht von ihm. Er hat sie bei einer «Regel des Meisters» genannten Mönchsregel entliehen, von der im allgemeinen angenommen wird, sie sei in den Jahren 530–560 entstanden, also etwas früher als die benediktinische Regel, die zweifellos um 550–560 aufgeschrieben wurde. Gibt aber nicht auch diese «Regel des Meisters» den Ausdruck nur weiter, findet man ihn doch schon bei Cassianus, der um 365 geboren wurde? Dieser große Mönch muß erwähnt werden, denn vor allem er hat die mönchischen Erfahrungen des Ostens im Westen bekannt gemacht.

Was die Quellen angeht, will ich bei Basilius innehalten, der Basilius der Große genannt wird. Benedikt verehrte diesen Bischof von Cäsaräa in Kappadozien, der um 320 zur Welt gekommen ist. Er zitiert ihn in seiner Regel und betrachtet ihn als den eigentlichen Gesetzgeber des östlichen Mönchtums. Ich habe nicht feststellen können, ob Basileios im Zusammenhang mit dem Mönchsleben wörtlich von «spiritueller Kunst» gesprochen hat, aber er hat uns jedenfalls diese Losung hinterlassen: «Man muß in Schönheit und Harmonie leben.»

Dieser kurze Rückblick auf die mönchische Tradition

läßt uns bereits ahnen, in welchem Sinne sich die weiter oben aufgezeigte Alternative entwickeln könnte.

Wie steht es nun um den genauen Text in der Regel, wo wir auf diesen Ausdruck «spirituelle Kunst» stoßen? Man findet ihn im vierten Kapitel, dem ersten von vier Kapiteln, die Benedikt der Beschreibung der spirituellen und humanen Physiognomie des Mönchs widmet. Er geht hier gewissermaßen in Pinselstrichen darauf ein; wie ein impressionistischer Maler entwirft er das Porträt des Mönchs, indem er moralische und psychologische Notationen aneinanderreiht, eine nach der anderen, ohne sichtbare Ordnung. Nur mit Schwierigkeiten läßt sich eine Logik im Ablauf seiner Rede ausmachen. Doch in den folgenden Kapiteln wird er, wenn man so sagen darf, strenger, denn hier kommt er auf die wesentlichen mönchischen Werte zurück, laut ihm: Demut, Stille und Gehorsam.

In diesem vierten Kapitel, dem unsere Aufmerksamkeit gilt, wird erstmals das formuliert, was man als die spirituelle Lehre des heiligen Benedikt bezeichnen könnte. Es ist deshalb wichtig, daß man auf die verwendeten Wörter achtet.

In der Schlußfolgerung dieses ersten Kapitels sagt er uns: «Das sind die Werkzeuge der spirituellen Kunst.» Dieser Text, der sich als ein durch theologische Ziele untermauerter ethischer, legislativer Codex für das Verhalten des Mönchs präsentiert, wird im synthetischen Schlußsatz aus dieser ethischen Ordnung in eine ästhetische Bahn verschoben! Benedikt schlägt somit eine Synthese ästhetischer Ordnung für eine Entwicklung vor, die sich bis dahin auf der ethischen Ebene vollzogen hat! Kann man und muß man sogar eine Erklärung und eine Rechtfertigung für diesen Wechsel der Perspektive finden? Benedikt, ein Mann der Ordnung, wenn es notwendig war, hätte sich diese literarische Phantasie nicht ohne Grund erlaubt.

Sehen wir uns also das Kapitel etwas genauer an, eine

moralische Abhandlung, die, wie wir bereits gesagt haben, zum größten Teil auf dem Dekalog beruht, wie man ihn in der Bibel im Buch Deuteronomium, Kapitel 6, Verse 16 bis 20 nachlesen kann. Man kann hinzufügen, daß dieses ganze Kapitel der Regel aus Bibelzitaten besteht, die sich ihrerseits als Kommentare und Weiterentwicklungen auf die zehn Gebote für das sittliche Verhalten stützen, die Mose dem jüdischen Volk übermittelt hat. Interessanterweise stammen die Bibelzitate zum größten Teil aus dem Alten Testament. Bezüge auf das Neue Testament sind merkwürdigerweise viel diskreter!

Im folgenden nehme ich ein Risiko auf mich, aber ich stütze mich auf die Autorität von Emmanuel Lévinas, der gesagt hat: «Man respektiert einen Text nicht dadurch, daß man ihn nicht deutet.» Und das möchte ich eben im Hinblick auf dieses Kapitel der Regel, das uns hier beschäftigt, tun.

Ich weiß nicht, ob Benedikt die rabbinische Tradition der Bibelexegese kannte. Ich meinerseits beziehe mich auf eben diese Tradition, um diese Schlußfolgerung ästhetischer Ordnung zu erklären, die eine Abhandlung auf ethischer Ebene abschließt.

Die jüdische Tradition setzt sehr oft die zehn Worte der Schöpfung, diese zehn Worte, durch welche die Welt aus dem Nichts entstanden ist und «nach Maß und Zahl und Gewicht», wie uns das Buch der Weisheit (11,20) sagt, ins Sein versetzt wurde, in Beziehung zu den zehn Worten des Dekalogs, durch die Gott die ethische Welt schafft. Im einen Fall geht es um die Erschaffung der Welt der Natur, im anderen Fall um die Erschaffung der Welt der Kultur, die der mitschöpferischen Freiheit des Menschen übergeben wird.

Zwischen diesen beiden Welten besteht sowohl ein Bruch als auch eine Kontinuität. Die eine kann nicht ohne die andere Bestand haben und umgekehrt. Der Mensch kann nicht wirklich die ethische Welt der Kultur aufrichten, ohne in diesen schöpferischen Akt die Welt des Kosmos, die der Natur einzubeziehen, die ihm anvertraut worden ist und für die er verantwortlich ist, über die er Rechenschaft ablegen muß.

Die beiden Texte hängen somit eng miteinander zusammen. Sie müssen sich ineinander fügen, damit der in ihnen enthaltene Sinn in seiner ganzen Fülle sichtbar wird. Im Hinblick auf meine Ziele möchte ich festhalten: «Wir müssen die menschliche Innerlichkeit mit der Äußerlichkeit des Kosmos und der Natur zu einer Verbindung verknüpfen, deren Sinn sich durch keinen Begriff ausschöpfen läßt, denn sie verweist auf das Unendliche[49].»

Der Mensch verwirklicht diese Verzahnung zwischen dem Innerlichen und dem Äußerlichen durch Vermittlung seines eigenen Körpers. Dieser befindet sich am Knotenpunkt des Außen und des Innen. Er ist der Ort der Kommunikation zwischen dem einen und dem anderen, und zwar derart, daß sich in ihm das Äußere verinnerlicht und das Innere veräußerlicht.

Darauf zielt die Ästhetik ab. Um sich davon zu überzeugen, muß man nur auf die Bedeutung des Wortes «Kunst» selbst hören, indem man auf das lateinische Wort dafür zurückgreift. Diese lateinische Wurzel ars steht der griechischen Wurzel nahe und bedeutet etymologisch: «was die Elemente eines Ganzen verbindet oder vereinigt». Man könnte auch an die von Platon überlieferte pythagoräische Definition der Harmonie denken: «die Harmonie ist die Einheit der Gegensätze[50].»

Es läßt sich somit verstehen, weshalb Benedikt diesen Ausdruck «spirituelle Kunst» gewählt hat und ihn anderen, ebenfalls klassischen Zitaten wie «inneres Leben» oder «spirituelles Leben» vorgezogen hat, um sein mönchisches Vorhaben zu umschreiben und insbesondere dessen Verwirklichung vorzuschlagen.

Die spirituelle Kunst zielt darauf ab, jedes menschliche

Leben zu einer Epiphanie, einer Erscheinung des göttlichen Unsichtbaren, das ihm innewohnt, zu machen, oder auch es in seiner Totalität signifikant und durch die es dynamisierende innere Gnade strahlend zu machen.

Was bisher gesagt wurde, hatte das Ziel, die Bedeutung herauszuarbeiten, die man dem Ausdruck «spirituelle Kunst» im Zusammenhang mit der Regel des heiligen Benedikt geben kann. Nun läßt sich diese spezifisch mönchische «spirituelle Kunst» zu dieser Initiation in die «Kunst der Stimme» in Beziehung setzen, die ich unter der Führung meines Professors erfahren habe.

Dabei gehe ich von der Erfahrung eben dieser Arbeit aus, die ich nicht ohne Mühe und Schmerz miterlebt habe. Zumindest am Anfang habe ich das gespürt. Wie kommt es, daß wirklich der ganze Körper, die ganze Physis in diese Arbeit einbezogen wird? Denn es ist tatsächlich so, daß der ganze Körper reagiert, seufzt, vom Nacken über die ganze Wirbelsäule bis zu den Fersen! Sollte diese Arbeit an der Atmung und an der Stimme tatsächlich eine Arbeit am ganzen Körper sein? Eine Arbeit, die uns durch die Vermittlung von Atmung/Stimme zur globalen Erfassung des Physischen führt?

Von dieser Feststellung aus habe ich mir die folgende Frage gestellt: Ist es möglich, das Physische in das Meta-Physische zu transponieren? Das sind zwei verschiedene Ebenen, die jedoch innig miteinander verbunden sind. Hat diese Arbeit an der Atmung/Stimme auch eine propädeutische Funktion im Hinblick auf die ganze Person?

Bevor ich eine persönliche Meinung formulierte, habe ich mich erneut der Regel zugewandt, und zwar insbesondere den fünf bereits erwähnten Kapiteln mit Benedikts Gedanken zur moralischen und spirituellen Physiognomie des Mönchs. Dabei bemerkt man, daß er sehr oft auf die Tätigkeit der Sprache zurückkommt, um sie einerseits in bezug auf die Wohltat der Stille und andererseits ihren Gebrauch selbst zu regeln: «Wann und wie reden?»

Eine Stelle hat meine Aufmerksamkeit auf sich gelenkt, weil sie eine ganz andere Perspektive eröffnet: Das Kapitel 19 «Über die Haltung beim Gottesdienst und beim Psalmodieren» schließt mit dieser Empfehlung: «Beim Psalmodieren sollen wir so sein, daß unser Geist mit unserer Stimme im Einklang ist.» Nun sind wir so weit: Es geht sehr wohl um die Stimme!

Seit ich an meiner Stimme arbeite, hat dieser kurze Satz für mich eine außerordentliche Gestalt und Bedeutung gewonnen. Immer wieder «meditiere» ich über die Triftigkeit dieser Empfehlung.

Bis dahin hatte ich sie auf eine rein lineare, horizontale Weise, wenn ich so sagen darf, gehört: Wir müssen darüber wachen, daß zwischen der Stimme und dem Geist eine Beziehung besteht, anders gesagt, daß unser Geist wirklich auf das achtet, was die Stimme sagt. Wenn ich jetzt diese Weisung höre, erhält sie eine Tiefendimension, und ich frage mich dann: «Wo packst du deine Stimme, damit dein Geist mit ihr in Einklang ist?»

Ich denke an den biblischen Text, der uns vom Auftrag berichtet, den Gott Abraham gegeben hat: «Ziehe fort» (Genesis, 12,1). Wenn ich diese Stelle auf hebräisch lese und mich an den wörtlichen Sinn halte, so verstehe ich sie als: «Ziehe fort zu dir selbst hin.» Die Überlieferung betrachtet diesen Befehl an den Patriarchen gerne als exemplarisch für jede menschliche Berufung, die mönchische ganz besonders.

Die Stimme-die-ich-spreche wird hier zu einem prüfenden Prinzip; und in bezug auf dieses «Ziehe fort zu dir selbst» zwingt sie mich zur Frage: «Wo bist du mit deiner Stimme? Wie weit bist du auf diesem Weg zu dir selbst gekommen?» Für mich besteht hier eine Entsprechung: Wo ich mit meiner Stimme bin, bin ich auch im Hinblick auf mich selbst, auf dem Weg zu mir selbst.

Wenn meine Stimme mir anzeigt, auf welcher Stufe ich mir selbst gegenwärtig bin, so kann das auch mit anderen Worten gesagt werden: Wenn mein ganzer Körper wirklich in meiner Stimme gegenwärtig ist, so ahnt man die Dichte der Gegenwart, der Strahlung, die aus der gelebten Wirklichkeit eines Psalmodierens hervorgehen kann, bei dem «unser Geist in Einklang mit unserer Stimme ist» ...

Ich kann es mir nicht versagen, hier eine Stelle aus dem Buch des Glanzes oder *Sohar*, dem berühmten rabbinischen Kommentar, zu zitieren, wo gesagt wird, der Mensch bestünde aus drei Atem: dem natürlichen Atem, dem Lebensatem und dem eigentlichen Atem oder der höheren Seele: *Nephesch, Ruach* und *Neschamah*. Diese drei Atem oder drei Seelen sind ineinander enthalten, haben aber jeweils einen anderen Sitz. Um voll sich selbst zu sein, muß man sich vital im unteren Atem verankern, der den beiden anderen seine eigene Dynamik mitteilt.

Als Ausdruck dieses «Vitalatems» betrachte ich mit Vorliebe den Schrei, in dem sich die Kraft der Natur im Rohzustand äußert. Er muß diese Macht und diese Kraft der artikulierten Stimme, dem Wort, mitteilen, das für das Eintreten in die Welt der Kultur steht, also für die Übersteigung der Welt der Natur. Es geht hier nicht darum, den Schrei zum stimmlichen Wort in einen Gegensatz zu stellen, sondern diese natürliche Macht des Schreis in die beherrschte Macht des Wortes überzuführen.

Durch den Schrei hat im übrigen Gott die Welt erschaffen, sagt uns der Text im ersten Kapitel der Genesis wörtlich übersetzt. Doch dieser Schrei ist zugleich Wort, das den Namen ausspricht. Ebenso sagt uns der *Midrasch*, Gott habe die zehn Worte des moralischen Gebots «in einem Wort, das sich in alle

Ewigkeit verlängert», ausgesprochen. Dasselbe gilt für den Be-
tenden. Psalm 3 zeigt es uns sehr schön: In dem Maße, wie der
Mensch sein ganzes Leiden in seinem Schrei zu formulieren
vermag, kann er auch Ruhe finden, so fest ist seine Überzeu-
gung, daß er gehört und erhört wird. Wie der völlig in seinem
Pfeil präsente Bogen findet er sich selbst in der Mitte der Zielscheibe wieder.

Bevor ich zum Schluß komme, möchte ich ein letztes Zitat erwähnen. Es stammt von Boëthius, dem lateinischen Dich-
ter und Zeitgenossen Benedikts. Er schrieb eine Abhandlung
über die Musik, worin er eine Dreiteilung vorschlägt: *musica
mundana, musica humana und musica instrumentalis.* Ich halte
hier nur fest, was er über die *musica humana* sagt, die Musik,
die den Menschen selbst darstellt. «Sie setzt einerseits den Einklang der Seele und des Körpers und andererseits die Harmonie zwischen allen Fähigkeiten der Seele voraus. Dieser innere
Einklang wie auch diese verborgene Harmonie manifestieren
sich eben in der Stimme, im sichtbaren Gleichgewicht zwischen den tiefen und den hohen Harmonien, aus denen sie
zusammengesetzt ist[51].»

Ich habe auf diesen wenigen Seiten zu sagen versucht,
wie ich diese Arbeit an der Stimme in Verbindung mit meinem
Vorsatz eines mönchischen Lebens lebe und denke. Präzisie-
rend möchte ich sogleich hinzufügen, daß es sich um eine Arbeit handelt, die in der Gruppe verwirklicht wurde, auch wenn
ich aufgrund meiner Verantwortung als «Bildnerin» auf eine
intensivere Weise von den Lektionen meines Stimmlehrers
profitieren konnte.

Es ist die ganze Gruppe, die jedem Teilnehmer individuell beisteht, auf eigene Rechnung, wenn ich so sagen darf, damit dieser den Weg zu sich selbst, Geist und Körper vereint,
findet. Und wir erfahren einmütig, in welchem Maße die Tatsache, daß man zu einer totalen Präsenz seiner selbst in unserer

eigenen Stimme strebt, es dem Wort Gottes, indem dieses durch unser Wort hindurchgeht, ermöglicht, wirklich Manifestation und Zelebration einer Gegenwart zu werden.

Falls ich abschließend auf sehr synthetische Weise die verschiedenen Momente dieser Initiation in die Stimme miteinander verketten müßte, würde ich diese Reihenfolge vorschlagen:

Von der Atmung zum Atem, dann zur Stimme;

Von der Stimme zum Wort, sowohl dem gesprochenen als auch dem gesungenen;

Das Wort, Epiphanie einer Gegenwart!

Diese Reihenfolge ist logisch, aber tut diese Logik nicht der gelebten Erfahrung etwas Gewalt an? Würde sie nicht etwas getreuer mit der Erfahrung übereinstimmen, wenn sie umgekehrt ablaufen würde? Versuchen wir es, indem wir vom «Wort» in seiner reinsten Äußerung, dem Gesang, sprechen: Gesang als reiner, nicht in Silben zerlegter Vokalismus, der zum vokalisierten Atem und dadurch zur Schwingung und zur Stille führt.

Ich erlaube mir einige Bemerkungen zu diesen Etappen auf dem Wege. Zunächst: «die Gegenwart, die Präsenz». Ohne dem Wort seine epiphanische Funktion abzusprechen, muß man dennoch in Gott ein existentielles, unsichtbares und unaussprechbares Übermaß bekennen, das in jeder Offenbarung, so großartig sie auch sein mag, nicht zum Ausdruck kommt. Das war die Erfahrung, die Mose auf dem Sinaï machte, als er die göttliche Gegenwart in der Wolke ahnte. Das war auch der Fall bei Elia, als er dieselbe göttliche Gegenwart in einer «Stimme von zarter Stille» oder einer «Stimme von feiner Stille» wahrnahm. Zur Beziehung Wort-Stille kommt somit als Entsprechung diese andere Beziehung Gegenwart-Abwesenheit hinzu.

Wenn man beim Wort, beim «Wort Gottes», verweilt, so

ziehen dessen paradoxe Umstände sogleich die Aufmerksamkeit auf sich.

Bezeichnen wir dieses Wort nicht als «inspiriertes Wort», also als eingeatmetes Wort? Umgekehrt werden menschliche Worte beim Ausatmen gesprochen. Wie soll man sich also das Aussprechen dieses «inspirierten» Wortes vorstellen, das sich auf das Einatmen stützt? Wie läßt sich dieses Phänomen verstehen? Sollte sich der göttliche Atem, das Schweigen, mit unserer Einatmung verbinden? Sollte er so in unsere «ausgeatmeten» menschlichen Worte eindringen, indem er ihnen die Macht einflößt, Transzendenz zu bedeuten?

Das Moment der «Stimme» ist das geheimnisvollste und für mich auch das faszinierendste, doch gerade bei diesem Thema empfinde ich die mir völlig fehlende Erfahrung am lebhaftesten. Zwischen dem «Wort» und dem «Körper-Atmung» steht die «Stimme». Die Stimme hat ihren Ursprung im Körper-Atmung und bestimmt die Ausstoßung des Wortes. Sie nimmt somit eine mittlere Stellung ein und erfüllt folglich eine Mittlerfunktion: Verinnerlichung-Veräußerlichung. Atmen, einatmen, ausatmen bedeutet, so scheint mir, sich in einen Zustand innerlicher Schwingung zu versetzen. Damit versuche ich auszudrücken, was der Kern meiner gegenwärtigen Erfahrung ist. Die Qualität der Stimme, die ich nach außen ausstoße, scheint mir grundlegend von der Qualität des stillen Schwingens abhängig zu sein, das ich innerlich erzeuge und spüre. Das möchte ich dadurch ausdrücken, daß ich der Stimme diese doppelte Funktion der Verinnerlichung und der Entäußerung zuspreche.

Stanislas Breton würde bei sich selbst von einem «metaphoralen» Vermögen sprechen: die Stimme, die gleichzeitig unser organisches, physisches und materielles «In-einem-Körper-Sein» und unser «Zu-einem-anderswohin-Sein» bedeutet; eine solche Bewegung also, die in unserer umfassenden Körperlichkeit ihren Ursprung hat und uns zu unserer radikalsten physischen Existenz mitzieht, die «pneumatisch» oder «spirituell» ist.

Innere Stimme.

Schweigende Stimme.

Inspirierte Stimme.

«Schwinge in Stille, meine Seele, zu Gott» (Psalm 62,2). Schwinge in Stille zu diesem Gott, der sich durch eine «Stimme von feiner Stille» (2 Könige 19,12) geoffenbart hat.

Zwischen der Stille und dem Wort würde ich auch der Musik einen Platz zuweisen, womit ich mit einem Zitat des großen jüdischen Philosophen Maimonides abschließe: «Die einzige Weise, in der wir angemessen von Gott sprechen können, ist die, daß wir, um seine Wirklichkeit auszudrücken, eine einzige Musiknote wählen, die man beiseite stellen würde, die nicht für andere Zwecke verwendet werden dürfte und die, wenn sie im Ohr von jemandem nachhallt, etwas wie ein Symbol enthalten würde, das keine intellektuelle Ausdehnung hat und deshalb auch zu keinem Irrtum, zu keinem fehlerhaften Urteil, zu keiner irrigen Haltung der Intelligenz oder des Herzens führen kann und das für uns den Sinn von all dem enthalten würde, was wir sagen …»

KAPITEL 5

Die Stimme der Initiation

Am Anfang war die Schwingung

Man muß den alten Menschen ausziehen, um aus ihm einen «zum zweitenmal Geborenen» zu machen. Dieses bestbekannte Prinzip der Initiation läßt sich sehr gut auf die Arbeit an der Stimme anwenden, wie ich sie verstehe. Wer ist dieser alte Mensch? Eine Person, die das Sterben lernen muß mit einer falschen Stimme, erstickt in einem Körper, den psychische Spannungen und mentale Stereotypen verformt haben. Wie läßt er sich neu aufbauen? Indem er an sich selbst arbeitet, das heißt, indem er seine Stimme durch den Gesang in einer richtigen Haltung einübt, die gleichzeitig Bauchatmung erfordert, ebenso eine Entkrampfung durch ein richtig wiederhergestelltes Körperschema, wodurch eine Abkoppelung von jeder affektiven und intellektuellen Eindimensionalität eintritt. Ist diese Arbeit eine Initiation? Ja, denn sie impliziert eine Konzentration des Sängers im Sinne einer *Rückkehr zum Zentrum* und im Hinblick auf eine Neuentfaltung seines um die unveränderliche Mitte angeordneten ganzen Seins, damit das, was oben ist, wie das, was unten ist, wird und umgekehrt. Jede Initiation vollzieht sich Schritt um Schritt.

Der Begriff *Schritt* muß im Sinne von Treppenstufen verstanden werden. Für das Verständnis dieser Aussage muß sich der Leser eine Treppe in drei Abschnitten vorstellen: Zum ersten gehören die drei ersten Schritte, zum zweiten die beiden folgenden und zum letzten die beiden verbleibenden. Der Kandidat steigt die drei ersten Stufen empor, die ihn in der Askese des Gesangs trainieren; er lernt zu atmen, den Atem zu konzentrieren, sein Instrument mit Kraft und Verstand zum Schwingen zu bringen. Nach diesem ersten Schritt erklimmt der Sänger die vierte und fünfte Stufe, die der Ausweitung des Tons und der Befreiung der Stimme entsprechen. Nach dieser zweiten Plattform nimmt der «Meister der Stimme» die beiden letzten Tritte dieses aufsteigenden Umgangs in Angriff, um zum spirituellen Gesang vorzustoßen und sich bis zum Wort aufzuschwingen. Doch die Stimme ist nie voll verwirklicht; der Adept («derjenige, der erreicht») kann in Wirklichkeit nur fortwährend auf dieses utopische Ziel zustreben.

Worin bestehen diese Stufen? Beherrschung der Atmung, des Atems, der Schwingung, des Tons, der Stimme und des Gesangs, die im Wort ihren Höhepunkt finden. Dieses letzte Kapitel möchte aufzuzeigen versuchen, wie die Verwirklichung dieser drei symbolischen Realitäten die Erweckung des Schülers, dessen, der wünscht, noch weiter nach oben aufzusteigen, auslösen kann.

Die Einübung des Gesangs erfordert zunächst eine meditative Anwendung der Tiefenatmung in dem Sinne, den der Begriff meditieren in der Initiation hat: *zur Mitte zurückkehren*. Diese Mitte des Menschen ist der Bauch und nicht die Brust. Diese Atmung geschieht mit dem Zwerchfell, nicht mit dem Brustkorb. Das energetische Zentrum, um das es hier geht, ist der Bauch des Kleinkindes, das *Hara* in der japanischen Tradition, sicher nicht das Herz und noch weniger der Kopf, die in der körperlichen Topographie eher am Rande liegen. Tief atmen, ohne «den Bauch einzuziehen», setzt einen Stand auf stabilem Boden, eine tellurische Einwurzelung, leicht gespreizte Beine senkrecht zu den Schultern und eine richtige, das heißt entkrampfte, von jedem «Willen», sich gerade zu halten, befreite aufrechte Haltung voraus. Der Schüler muß den Eindruck haben, mit seinem ganzen Gewicht auf der

Erde und in seiner ganzen Größe aufrecht zu stehen. Diese Haltung, die nicht Ungezwungenheit, sondern Aufnahmefähigkeit ist, bereitet den Sänger darauf vor, sich durch die Luft zu reinigen. Denn die Atmung ist eine Reinigung des Wesens. Man darf dabei die Luft nicht als ein bloßes Gas empfinden, sondern als eine Art großen Atem, der den ganzen Raum zwischen dem Himmel und der Erde füllt und beseelt. Das Element Luft ist die lebendige Umgebung, in der sich der Mensch wie ein «Fisch im Wasser» entwickelt. Und das von Strömungen durchfurchte Meer erfährt das regelmäßige Auf und Ab der Gezeiten. So fühlt sich der Sänger von einem Fluidum umgeben, das alles andere als träge ist, sondern als energetischer Atem empfunden wird. Die Atmung wird dadurch zum Vorbild des Austauschs, den der Mensch in einer nie erlahmenden Bewegung von Nehmen-Zurückgeben oder, wenn der Geisteszustand es zuläßt, des vertrauensvollen Aufnehmens und des großzügigen Abgebens mit der kosmischen Umwelt unterhält.

Atmen im Wissen, was man tut, bedeutet in den Rhythmus des Lebens eingehen. Bedeutet das Verb einatmen nicht zunächst «ins Leben eingehen» ... wie ein Kind, das geboren wird, sind wir versucht zu sagen. Man beachte auch den ursprünglichen Sinn des Wortes inspirieren, einatmen (mit einem schöpferischen Atem beseelen) und aspirieren, einsaugen (seine Wünsche auf einen Gegenstand richten), ohne dabei zu vergessen, daß ausatmen im Grunde bedeutet, seinen letzten Seufzer ausstoßen[52].

Man sagt im allgemeinen, die Atmung präge das Lebewesen durch eine binäre Kadenz: Das Einatmen wird symbolisch als eine Wiedergeburt, als eine Erholung, eine Umgestaltung des Seins empfunden, das seinen Impuls dem universellen Hintergrund entleiht; durch das Ausatmen, in einem «kleinen Tod», gibt es die jetzt überholte frühere Form auf, und es ersetzt sie in der Zwischenzeit. Doch in Wirklichkeit sind diese beiden Bewegungen durch eine fast nicht wahrnehmbare Pause von kurzer Dauer getrennt (die bewußt durch Anhalten des Atems verlängert werden kann), einen kurzen Augenblick eines geheimnisvollen Gleichgewichts, während dem eine Grenze wahrgenommen, eine Verhärtung und ein Bedürfnis nach Erneuerung empfunden werden, weshalb die Atmung, von der Initiation her gesehen, obwohl sie eine doppelte Bewegung ist, in Wirklichkeit einen dreifachen Rhythmus zeigt: Einatmen-Innehalten-Ausatmen. Eine scheinbare Dualität wird auf einer anderen Ebene immer in eine insgeheime Triade zerlegt.

Die Atmung des Lebewesen entspricht dem Atem des trinitären Prinzips. Bekanntlich wird der Atem im Gegensatz zur Atembewegung des Ausatmens, das in den meisten Fällen ein bloßer Reflex ist, auf profaner Ebene als ein willentliches Ausstoßen definiert. Und dennoch könnte der Unterschied zwischen der Einübung des Atmens und dem der Atmung durch diese Formulierung umschrieben werden: «Ich empfinde meine Atmung als persönlich. Es ist meine Atmung. Der Atem ist unpersönlich. Er ist Atem. Wenn eine Absicht vorhanden ist, so handelt es sich nicht um die meinige.» Alles geschieht so, als brächte die rhythmische und repetitive Hervorbringung des Atems, weil sie ein Einatmen von besonderer Tiefe, Qualität und Intensität erfordert, den Sänger in Kommunikation mit dem k'i der Japaner, dieser Energie, die den ganzen «atmosphärischen» Raum durchdringt. Die Tradition betont, daß die Kontrolle der Atemzirkulation auch die der Lebensenergien und deren Reinigung ermöglicht einschließlich der Beherrschung des Mentalen und der Öffnung zu den Einströmungen von oben. Solche Aussagen können einen Schüler, der weiß, was diese Worte besagen wollen, nicht überraschen: Die Wurzel *spir* des französischen Wortes «respirer» für atmen, die im Wort «Respiration» enthalten ist, findet sich auch im lateinischen *spiritus* mit dem ursprünglichen Sinn von «Atem, der Leben schenkt». Das griechische *pneuma* und das hebräische *ruach* stehen für denselben Begriff eines Atems, der zum Himmlischen strebt. Die Begriffe, mit denen das beseelende Prinzip des Körpers bezeichnet wird, Abbilder der bereits erwähnten, bedeuten ebenfalls Atem: *anima* und *psyche*. Das griechische Wort *phren*, mit dem ursprünglich das Zwerchfell gemeint ist, erhält später den Sinn von Geist als Sitz des Denkens und der Gefühle, die in diesem Fall nicht von einem nicht zufällig[53] gewählten physiologischen Träger zu trennen sind. Diese etymologischen Beobachtungen werden durch kosmogonische Mythen bestätigt und zeigen, daß jede Schöpfung aus einem Uratem hervorgeht. Indem sich der Sänger zum Meister der Stimme macht, eine Initiationsdisziplin schlechthin, läßt er die von oben gekommene Kraft in sich eingehen. Er muß sie durch Ausstoßung des richtigen und vollkommenen Tons noch konzentrieren, um ein schöpferisches Werk zu vollbringen. Dann atmet er nicht mehr, sondern er ist Atem, besser noch, er ist vom Atem durchdrungen.

Damit aus dem Atem der Ton geboren wird, erzeugt die Schwingung, die dritte Etappe auf der Reise nach innen, in der Körperkrümmung insgesamt, von den Füßen bis zum Schädeldach, durch eine periodische Bewegung der Stimmbänder eine Resonanz. Anhand von Vorgängen, die hier nur dadurch beschrieben werden können, daß wir den Wörtern von Naturvölkern einen reineren Sinn geben, sei daran erinnert, daß schwingen ursprünglich «werfen» und Schwingung «Werfen einer Wurfwaffe» bedeuten. Aus dem Sänger wird gleichzeitig ein Bogen und ein Bogenschütze, aus dem Ton ein Pfeil. Es ist bekannt, daß sich der Bogenschütze beim Bogenschießen, wie es in den Kampfsportarten gepflegt wird, mit seinem Geschoß und seiner Zielscheibe identifiziert und diese nur trifft, wenn er sich weder um das Ziel noch um das Schießen willentlich kümmert. Diese handlungsfreie spirituelle Haltung besteht darin, daß man den Atem kommen läßt, die Energie-Ton-Beziehung durch das Stimmsystem hindurchgehen läßt und durch dieses Verhalten die Sehne des Bogens in Schwingung versetzt. Wer schießt, wer singt? Etwas in mir, das nicht mehr ich bin, das aber nach der Durchquerung der Finsternisse in mir die Mitte des Seins zu erreichen versucht. Die Beherrschung der Schwingung erinnert den Sänger an das traditionelle Bild, auf dem der göttliche Atem durch einen Lichtpfeil dargestellt wird. So erhält der flammende Pfeil dieses Bogenschützen die genaue Richtung seiner Stimme.

Durch den Ton erhält der Atem eine neue Natur: Die Wiederherstellung wird Ausstoßung. Eine Schöpfung hat begonnen. Die Hervorbringung des Tons ist der Beginn des sichtbar gewordenen Werkes.

In allen Mythologien stehen bekanntlich Atem und Ton am Anfang des Kosmos. Durch die Wirkung der rhythmischen Schwingungen des Urtons bringt das Wort das Universum hervor. Der Ton entfaltet in der Leere die Macht des Prinzips. Deshalb gelangt der Mensch nicht durch eine «innere Schau» im optischen Sinne des Wortes zur Erkenntnis, sondern eher über eine Wahrnehmung durch das Gehör, die von manchen Adepten als «Ohrenlicht» bezeichnet wird. Damit das Auge hört und das Ohr klar sieht, wird der Gesang um ein Mantra herum aufgebaut, eine tönende, mit einer Kraft ausgestattete Formel, welche die Wahrnehmung und später die Wiedergabe des inneren Tons fördert, über den nichts gesagt werden kann, weil er unaussprechbar und nur «durch das Herz hörbar» ist.

Die Ausstoßung des richtigen Tons, Anzeichen eines augenblicklichen Einklangs zwischen dem universellen Atem und dem Körperinstrument, durch das er hindurchgeht und sich zu erkennen gibt, setzt die pneumophonischen Grundlagen, auf denen die wahre Stimme rekonstruiert wird. Der Sänger gibt um den Preis eines Für-sich-selbst-Sterbens die falsche Idee und den Widerschein der durch die Umwelt und die affektiven Forderungen ausgelösten Zwänge auf, die er sich von sich selbst machte.

Durch bisweilen sehr harte physiologische und psychologische Prüfungen wird die schützende Maske *(persona)* abgelegt, die profane «Persönlichkeit» aufgegeben; das menschliche Lebwesen entfaltet sich in einem neuen Geistes- und Körperzustand. Das Ziel wird erreicht durch unablässige Wiederholung richtiger Töne, die, weil sie im Muskelgedächtnis aufgezeichnet werden, allmählich auf die Haltungen, die Atemreflexe, die emotionale und intellektuelle Verfügbarkeit einwirken, so daß sich die stimmlichen Entwicklungen nach und nach in der Sing-, später auch in der Sprechstimme zum Ausdruck bringen. Für den äußeren Beobachter/Zuhörer hat sich etwas nicht genau Umschreibbares in der Haltung, in der Stimme seines Gesprächspartners verändert, ja sogar in dessen geistigem Wesen und dessen körperlichem Aussehen. Doch das wahre Zeichen der Verwirklichung sind nicht Zeugnisse von Außenstehenden. Das wahre Zeichen ist der Gesang. Jeder geübte Praktikant hört auf der von ihm erreichten Stufe von Fülle und Heiterkeit, daß die Stimme gefunden ist. Die Beherrschung des Gesangs ist eine Quelle von Freuden, die weit über den Bereich des Ästhetischen hinausgehen. Das meditative Praktizieren des Gesangs hat in allen Kulturen immer darauf hingewirkt, das universelle Sein mit dem denkenden Sein zu verbinden, wobei das denkende Sein seinen Gehorsam durch einen wohlklingenden Atem, der dem des Kosmos entspricht, anerkannte und bekundete. So betrachtet ist jeder Gesang, wie wir ihn hier verstehen, ein Akt der Liebe und der Religiosität: Er sammelt und verbindet.

Diese Auffassung vom Gesang ist vergleichbar mit der Meinung des Pythagoras, daß die Musik eine durch Zahlen erfaßbare Harmonie nach dem Bild des Kosmos sei. Die Pflege des Gesangs, Halbton auf Halbton von den tiefen zu den hohen Tönen in einer Haltung der inneren Sammlung aufsteigend, führt zur intuitiven Wahrnehmung der «Sphärenmusik», wie der Meister aus Kroton sie nannte, oder des «Sternengesangs», wie andere nach ihm sagten. Das rührt daher, daß der in diesem Stadium als Musikinstrument neu aufgebaute Körper des Menschen ganz präzise auf die Normen einer sakralen Numerik abgestimmt ist.

In der siebten und letzten Phase des Werks begegnet der Sänger, verinnerlichter Tempel mit wiederhergestellter Harmonie, dem letzten Symbol, auf das hin Atem, Schwingung und Ton zusammenfließen, nämlich dem Wort, dem Logos, diesem Wort, in dem die ganze kosmische Information zusammengefaßt ist. Man kommt hier nicht darum herum, an die Suche nach dem verlorenen Wort zu erinnern, ein zentrales Thema der Initiationstradition. Der Mythos berichtet von einem wissenden Urmenschen. Er besaß die Urschwingung, die Sprache des Paradieses, die sogar von den Tieren verstanden wurde. Jean-Jacques Rousseau und viele zeitgenössische Autoren glauben, das Menschenwesen habe sich anfänglich eher durch Gesang als durch die Sprache ausgedrückt; die modulierte Stimme mit ihren Akzenten und als Widerschein der tiefen Persönlichkeit wäre früher gewesen als das Wort und die künstlichen Begriffe der Intellektualität.

Die Sprache der Vögel, die der Initiierten und des heiligen Franz von Assisi, ist nichts anderes als die mit einem reichen animalischen Potential ausgestattete Sprache von vor dem Turmbau zu Babel, die verloren gegangen ist, indem sie in ethnische Dialekte aufsplitterte. So wie gewisse schamanistische Kulturen vom wahren Menschen verlangen, daß er die Sprache der Tiere erlerne, versucht auch die Praxis des Gesangs in ihrer höchsten Ausprägung, wieder an diese «Kunst des Tons» anzuknüpfen, in der Haltung, Atem und Stimme gemeinsam einen Code reiner Kommunikation bilden.

Sobald der Schüler die sieben Grade der Initiation einmal durchschritten hat, begreift er endlich, daß der Gesang nicht das Ziel ist, daß die Arbeit an der Stimme ein «langatmiges» Werk des Ein-drückens und nicht des Aus-drückens ist, daß der Gesang nichts anderes als eine innere Reise für den Wiederaufbau des Seins ist. Initiation bedeutet allmähliche, durch Veränderungen an seiner Unvollkommenheit bewirkte Rekonstruktion seiner selbst nach sehr genauen und strengen technischen Parametern aus dem unveränderlichen Zentrum heraus, wo man in sich selbst eine immanente und metamorphosierende Präsenz, die des Grundtons, entdeckt.

Dieses Forschungsprogramm wird in der abendländischen Tradition durch die berühmte Formel V.I.T.R.I.O.L. dargestellt, die dem Schüler, der für die Welt des Scheins sterben will, zur Meditation vorgelegt wird:

Visita Interiorem Terrae Rectificandoque Invenies Occultum Lapidem.
Erforsche das Innere der Erde, und durch Läuterung wirst du den verborgenen Stein finden.

Es handelt sich um eine Legende im Sinne des lateinischen Ausdrucks *legenda:* «Dinge, die zu lesen sind»; sie lädt jeden nach Initiation trachtenden Menschen ein, in die Erde hinunterzusteigen, um dort den Stein zu finden und ihn umzuwandeln. Diese Grablegung, zu der er sich entscheidet, wird oft mit einer Rückkehr in die tellurische Gebärmutter verglichen, wo sich der Neophyt wie ein keimendes Samenkorn in der Dunkelheit, in der Hitze und in der Feuchtigkeit den regenerierenden Einwirkungen unterzieht. Das griechische Wort *Neophyt* bedeutet bekanntlich «neue Pflanze», die sich, geschützt vor dem Licht, in der chthonischen Welt entwickelt, ein Prinzip passiver, dem himmlischen Wirken ausgesetzter Vervollkommung. Das in den Boden vergrabene Samenkorn wird vom Regen und der Sonne – dem Wasser und dem Feuer von oben – befruchtet. Der Lehm, in den sich der Neophyt eingräbt, ist die universelle Substanz, die Urmaterie, der sich der Töpfer-Künstler bedient hat, um den Menschen zu formen, dieser Staub, aus dem wir gemacht sind und zu dem wir zurückkehren werden. Wir sind beseelte Materie gewordene Energie, und zu gegebener Zeit werden wir wieder zu dieser Energie werden. Auf menschlicher Ebene bringt somit die Erde den Organismus im physiologischen Sinne des Wortes hervor, das heißt, eine vorläufige und teilweise Kondensation des Wortes.

Wer den Stein in diesem tellurischen Milieu finden will, bricht zur Suche nach dem *Omphalos* auf. In allen Überlieferungen weist der Stein auf ein durch die göttliche Gegenwart bewohntes Zentrum hin, das oft *Haus Gottes* genannt wird. Er stellt ein genau in der Mitte des Seins verborgenes Werkzeug für die Regenerierung, die Wiederherstellung, dar. Man muß die dichten und finsteren Schichten durchqueren, in die er eingeschlossen ist, damit man zu ihm gelangt. Doch sobald er einmal, in noch formloser Gestalt, gefunden ist, wird er mit Hilfe der beiden Werkzeuge, mit denen der Steinmetz ausgerüstet ist, Klöppel und Steinmeißel, einer Rektifikation, einer Läuterung, unterzogen.

Der Klöppel wird als ein ambivalentes Symbol empfunden: als eine brutale und zerstörerische Kraft, wenn er von einer unwürdigen Hand geschwungen wird; er kann aber auch formender Tätigkeit dienen. Thor und Hephaistos haben sich seiner bedient, um Blitze zu erzeugen und Metalle zu schmieden. Als tönendes Werkzeug schlechthin unterbricht der Hammer durch seine rhythmischen Schläge Pausen absoluter Stille, die durch nichts gestört werden können. Der Meißel dringt in die Materie ein und verändert sie; er läßt sich mit dem Blitz vergleichen, der schneidet, spaltet, zerteilt, scheidet, aber ohne sein ihn ergänzendes Symbol unwirksam bleibt; ebenso ist die unterscheidende Intellektualität eitel ohne die Unterstützung durch die verwirklichende Energie.

Auch bei der Arbeit an der Stimme muß man in die Erde hinuntersteigen, in ihr den Stein finden und diesen durch geeignete Mittel behauen. Der Kandidat stürzt in die allertiefsten Bereiche seines Körpers hinein. Die Bauchatmung, die Atmung des Neugeborenen, die er hartnäckig einübt, bewirkt, daß er in sein physiologisches Wesen eindringt, und führt ihn wie im Yoga zum Mittelpunkt seines Körpers, wo sich der Stein der Weisen befindet. Laut östlicher Überlieferung hat er seinen Ort im Zentrum des Menschen, in dessen *Hara*, beim Bauchnabel. Er ist gewissermaßen der Kern der Lebenskraft, der Brennpunkt der sexuellen Energien aus den beiden ersten Chakren, und von ihm geht, gelenkt vom Zwerchfell in der Körpermitte, der Atemfluß aus. Durch die Konzentration des Atems an diesem Ort vermag der Schüler erste Kontakte zu dem mit dem k'i, dieser universellen Energie, deren sich die Adepten der Kriegskünste bedienen, verbundenen Grundton aufzunehmen.

Doch dieses Zentrum ist verborgen. Während der Entwicklung des Menschenwesens stört das mentale Leben mit seinen Emotionen und affektiven Verkrampfungen, die den Chakren 3, 4 und 5 entsprechen, fortwährend die Tiefenatmung und den harmonischen Sprachfluß. Wir begnügen uns im allgemeinen mit einer oberflächlichen Atmung im Brustkorb, die durch die ihr vom Intellekt und der Affektivität aufgezwungenen Ängste und Spannungen verkürzt wird. Wir finden gewissermaßen keinen Zugang mehr zur pneumophonischen Heiterkeit, deren ruhige Weite nur aus dem Bauch kommt.

Um das Hara von den es einhüllenden Schlacken zu befreien, verfüge auch ich über zwei Werkzeuge: Atem und Ton. Geatmet wird unter bestimmten Umständen durch langes, stoßweises Einziehen der Luft durch die Nase, wobei der Ton gleichzeitig durch das Aussprechen eines Mantra rhythmisiert wird. Diese pneumophonische Disziplin kann sich als destruktiv oder konstruktiv erweisen, je nachdem wie sie bewältigt wird. Man muß klare Grenzen ziehen zwischen einem tiefen Einatmen und einem oberflächlichen Einatmen, zwischen einem wahren und gut gerichteten Ton und einem falschen Ton; und man muß ununterbrochen die Körperhaltung überwachen, damit sie die notwendigen affektiven Reinigungen bewirkt und den Menschen für die Einflüsse von oben öffnet, die von den Chakren 6 und 7 her kommen.

Um die Richtigkeit seiner Arbeit zu überprüfen, besitzt der Steinmetz Werkzeuge: Rechter Winkel, Zirkel, Libelle, Senkblei und Richtschnur, über deren Einsatz und Symbolik alle morgen- und abendländischen Überlieferungen[54] berichten. Der rechte Winkel sorgt für Geradlinigkeit und bringt Ordnung in die Materie; mit ihm läßt sich der Winkel messen und das Geviert einzeichnen. Der Zirkel mißt und überträgt die Dimensionen; er bestimmt einen Ausgangspunkt und trägt den Kreis ab. Als Symbol des Himmels und der Zeit steht er für die Macht des Geistes über die Materie. Die Libelle, ein mit einem durch ein Stück Blei gestrafften Faden versehener Holz- oder Metallkörper, bestimmt die Horizontalität von der Vertikalen her, die Stellung der Arme des Kreuzes von dessen senkrechtem Stamm her. Das Senkblei mit einem Bleigewicht am Ende seines an einem Bogen aufgehängten Fadens stellt die kosmische Achse dar, welche die beiden Pole, den himmlischen und den irdischen, miteinander verbindet; es verkörpert sozusagen das Grundgesetz des gesamten Bauwesens, wonach senkrecht zum Himmel gebaut wird. Die Richtschnur zeigt die

Linie an, der man durch genau aufeinander abgestimmtes körperliches, psychisches und spirituelles Vorgehen zu folgen hat.

Mit Hilfe seiner Werkzeuge baut der Handwerker an seinen Werken und an sich selbst durch die geometrischen Formen des Quadrats und des Kreises, gemäß der Harmonie des
ausgewogenen Kreuzes mit sechs Richtungen und im Einklang mit der Erde und dem Himmel.

Während der Arbeit an der Stimme kommt der Haltung
des Sängers außergewöhnliche Bedeutung zu. Es sei an die einzelnen Schritte erinnert, die sich in das von den Initiations-
werkzeugen vorgezeichnete Schema einpassen:

1. Die Suche nach wahrer körperlicher Vertikalität ist
nicht von der in diesem Buch erwähnten Atmungs- und Ton-
disziplin zu trennen. Oft sage ich übrigens verdutzten Schülern, die sollten sich «darin üben, einen mit einem Bleigewicht
versehenen Faden zu verschlingen». Diese geometrische
Wirklichkeit wirkt sich im Physiologischen aus: Die auf der
Höhe der Rücken- und Nackenwirbel angesammelten mentalen Spannungen kehren zur Erde zurück, und das Schwerezentrum sinkt in den Lenden-Kreuzbein-Bereich ab.

2. Diese Befreiung wird an den Extremitäten des Körperschemas ergänzt durch eine Einwurzelung im Nadir des Bodens und eine Streckung des Körpers in Richtung des Zenits.

3. Die Ausweitung in der Horizontalen, von Osten nach
Westen und vom Mittag zum Norden, restrukturiert den Unterleib, die Schultern, den Nacken, die ausgestreckten Arme,
die den Brustkorbkäfig öffnen und den Tonfluß im Hals-Kie-
fer-Bereich, an dieser Kreuzungsstelle aller Spannungen, erleichtern.

4. Die Richtung des Tons, die des i und des k'i, geht durch
den rechten Winkel zwischen Hals und Mund aus der Vertikalen in die Horizontale über.

Man kann sich das «Tonwesen» als gleichzeitig in ein

Fünfeck und in zwei sich *kreuzende Spitzbögen* eingezeichnet vorstellen. Der Sänger, dargestellt mit ausgestreckten Armen und gespreizten Beinen, befindet sich genau in einem fünfspitzigen Stern: der Kopf in der oberen Spitze, die Hände in den beiden seitlichen, die Füße in den beiden unteren. Diese Figur erhält ihre Dynamik aus der Synthese zweier im Menschen vorhandener und sich ergänzender Kräfte, *zweier* irdischer und *dreier* himmlischer. Die beiden irdischen entsprechen den unteren Gliedmaßen, die der Verankerung im Boden und der Fortbewegung in horizontaler Richtung dienen; die drei himmlischen stehen für die oberen Gliedmaßen (welche Beziehungen in allen Ebenen des Raums herstellen) und den Kopf, dessen Entwicklung bei der Art Mensch mit dem Werkzeug-Umgang verbunden ist.

Fünf, die Zahl des im Gleichgewicht befindlichen menschlichen Mikrokosmos, ist auch die Zahl der Meditation und des Zentrums, denn sie hat ihren Platz in der Mitte der Zehnzahl. Dieser Begriff der Wegkreuzung wird bestätigt durch die Form eines Buchstabens im Zentrum des sternförmigen Fünfecks, den die europäischen Initiierten nicht zufällig gewählt haben: G. Seine Gestalt deutet die mit ihm verbundene Symbolik an: ein Kreis (Zirkel), der durch einen seiner Radien (Winkeldreieck) unterbrochen wird. Eine Rotationsbewegung (das Rad der Manifestation), die mit einer Geraden gekoppelt ist: Der Sänger verläßt die Kreislinie, die Felge des Rades, um auf die unveränderliche Mitte – den unbewegten Motor – zuzustreben.

Darüber hinaus weist schließlich auch die Stellung des Buchstabens in der körperlichen Topographie des Menschen auf seine Bedeutung hin: Die Kurve stimmt mit den Konturen des menschlichen Bauchs überein, und der Radius verschafft Zugang zum Zentrum des Sterns und des Körpers: zum Hara. Das derart aussagekräftige Bild des im Pentagramm eingeschriebenen Buchstabens G ist die reinstmögliche Darstellung des aufrecht stehenden Menschen, ein im Gleichgewicht befindliches Kreuz, das fest in die Erde eingepflanzt und zum Himmel gerichtet ist, weil es von dieser tiefen Inspiration beseelt ist, die vom Zentrum des Seins ausgeht. Die Beine gespreizt im Lot zu den Schultern und die Arme waagrecht ausgestreckt atmet der Mensch für den Gesang und singt er, um inspiriert zu werden[55]. Der Gesang ist gleichzeitig innere Erweckung, Suche nach Initiation und Wiederherstellung des Atems, wie er ursprünglich war, durch eine bessere Kenntnis des Grundtons, der jedem Menschen zu eigen ist. Daraus ergibt sich die Ausstrahlung des Sterns und die des Sängers.

Durch die Arbeit am Atem und am Ton erwirbt der Mensch eine neue Statur, eine neue Stabilität, einen neuen Status. Sein Körper ist ein anderer geworden, er strebt nach Harmonie mit seinem Tiefensein. Die Einflüsse der Muskelspannungen auf das psychische Befinden (und umgekehrt) lassen nach, und die Persönlichkeit öffnet sich immer mehr für Gedanken kosmogonischer Ordnung, mit denen sie sich bis dahin meistens überhaupt nicht auseinandergesetzt hatte. Gleich wie die früheren ägyptischen Priester, die zum Priesteramt nur zugelassen wurden, wenn sie richtig sangen, wird der Mensch durch den Atem und den Ton zu einem Wesen in Schwingungsharmonie mit seinem Instrument (also mit seinem inneren Tempel) und mit dem Tempel des Universums. Das auf die Schwingung abgestimmte Wort wird richtig, und der Mensch kann sich seiner bedienen, um im dritten Tempel zu singen, wo er seine Rezitative dem ewigen Prinzip weiht. Der *Spitzbogen* erinnert an diese Vollendung; die beiden gebrochenen Bögen tauchen an ihren Enden in die Erde ein, berühren in der Mitte die Fingerspitzen, überkreuzen sich in der Spitze der Wölbung, welche die Schädelkapsel bildet, und verlängern sich von neuem in einer unterbrochenen Kurve zum Himmel.

Die Linienführung, Leitmotiv der gotischen Kunst, lädt dazu ein, die Dualität zu sublimieren[56].

Als Hilfe beim Wiederaufbau seines inneren Tempels benötigt der Handwerker[57] zwei zusätzliche Werkzeuge; sie ermöglichen es ihm, mit Verstand und Kraft zu handeln: die Richtschnur, abermals, und den Hebel. Die Richtschnur ist das Werkzeug für den Aufbau des Ich, an dem sich das Sein mißt.

Der mit seiner Stimme Arbeitende ist nun tatsächlich imstande, aus sich selbst heraus zu eigenem Forschen, zu eigenen Erfahrungen aufzubrechen. Er ist unterwegs. Er kann sich selbst immer besser beurteilen und seine innere Heiterkeit entwickeln. Am Anfang spielt der Gesanglehrmeister seinem Schüler gegenüber die Rolle eines Provokateurs. Später begleitet er den Sänger, wobei er ihm insbesondere Gelegenheit verschafft, die pneumophonischen, muskulären und statischen Erwerbungen zu üben, zu vertiefen und zu stabilisieren. Die Hilfe des Meisters bleibt weiterhin notwendig als Zeuge der inneren und äußeren Entwicklung, die sich im Schüler vollzieht. Die Arbeit an der Stimme besteht darin, daß man sich auf die Suche nach einem wesentlichen Prinzip begibt, für das Atem und Ton repräsentativ sind. Die innere Wahrheit jedes einzelnen Menschen enthüllt sich in der Beziehung zwischen diesen beiden Energien. In diesem Stadium hat der Sänger seine Stimme nicht mehr unter Kontrolle, er wird von «etwas» beherrscht, das seine Stimme ist. Dieses Ereignis ist für den Schüler derart verwirrend, daß es ihm angekündigt und kommentiert werden muß, damit er es verstehen kann. Das ist die Rolle des Meisters.

Die Verwendung des Hebels zeigt, daß diese werkzeugliche Kraft des Atems und des Tons, die Druck geworden sind, sich in einen höheren Antrieb verwandelt hat und von ihm beherrscht wird; sie ist jetzt nicht mehr behindert, weil das Ego befreit ist. Der Atem zirkuliert frei im Mund-Rachen-Engpaß, er stößt auf keine Spannung mentalen oder affektiven Ursprungs mehr. Er kann jetzt voll eingesetzt werden und unter sehr sparsamer Nutzung der Mittel einen immer reineren, immer innerlicheren und unmittelbareren, immer wahreren und weiseren Ton hervorbringen. Bei der Handhabung des Hebels ist der richtige Ansatzpunkt zu finden, mit dessen Hilfe die Last mühelos gehoben wird. Auf physiologischer Ebene entspricht dieses Vorgehen einer ausgewogenen Stellung des Beckens, auf energetischer Ebene der Benutzung der richtigen Kraft, dieser Kraft, die nicht mehr die unsere ist, sondern von anderswoher kommt: Es handelt sich um die Energie des k'i, die beim Bogenschießen und in den anderen Kriegskünsten benutzt wird.

Die Beherrschung der königlichen Kunst wird in der Initiationstradition symbolisch sichtbar durch Vergleich und Ersetzung des Empfängers mit dem universellen Sein, das ununterbrochen durch seine aufeinanderfolgenden Inkarnationen hindurch stirbt und wiedergeboren wird. Die Wiederherstellung dieser Synergie zwischen Mikrokosmos und Makrokosmos gipfelt auf der stimmlichen und semantischen Ebene in der Suche nach dem verlorenen Wort, der Sprache der Vögel, die es dem Adepten ermöglicht, mit allen Lebewesen zu kommunizieren. Dieses Zurückfinden in den paradiesischen Zustand vor der babylonischen Sprachenverwirrung, letztes Ziel jedes wahren initiatorischen Bemühens, bildet auch den Abschluß der Arbeit am Atem und am Ton.

Am Anfang einer Wieder-ins-Gleichgewicht-Bringung des Menschen um sein physiologisches Schwerezentrum herum machen die vereinten Energien des Ein- und Ausatmens beim Singen die Stimme/den Weg frei, sie benutzen die angehäuften Spannungen, strecken das Ego, stellen die aufrechte Haltung wieder her, bringen den Menschen ins Lot, indem sie ihn mit dem Boden und dem Himmel verbinden. So wird die Person allmählich im gleichen Maße, wie das Maskenhafte und der Schein sich auflösen, in einer richtigen Seinsperspektive wiederaufgebaut.

Diese Arbeit löst durch eine geschärfte Wahrnehmung der mit einer physiologischen Befreiung verbundenen Empfindungen und der emotionalen Widerstände, die als Reaktion darauf auftreten, eine Erweckung des inneren Seins aus. Durch die Übungen setzt sich die Befreiung durch, während die Blockierungen verschwinden. Der Sänger strebt nach einer affektiven Neutralität, die ihn für neue körperliche, psychische und spirituelle Möglichkeiten verfügbar macht. Das Innere und das Äußere werden immer mehr eins, stimmen sich aufeinander ab, während der Kandidat dem Atem- und Stimmfluß entlang bis zur Quelle des Seins aufsteigt; er lernt den Grundton beherrschen, über den er fortwährend wacht, um auf der Suche nach dessen Schönheit immer weiter in die Tiefe vorzustoßen.

Jede parasitäre Beschäftigung verblaßt vor dieser Enthüllung des Wesentlichen. Der Schüler, der vordem verkehrt funktionierte, vollzieht eine Kehrtwende, die ihn an seinen eigentlichen Platz zurückführt. Alle Dinge erhalten so ihren ursprünglichen Sinn zurück, was bedeutet, daß das menschliche Sein im Atem des universellen Seins atmet und den Gesang der Sterne singt. Der Gesang wird sichtbar, das Licht breitet sich aus, das Pentagramm leuchtet um den Buchstaben G herum auf.

Bevor ich zum Schluß komme, möchte ich die Aufmerksamkeit des Lesers auf die nicht zufällige Bedeutungsvielfalt[58] des Wortes «Sinn» in der französischen wie auch der deutschen Sprache lenken. Die Sinne nehmen die Eindrücke auf, die von Reizen ausgehen. Ein gesunder Sinn im «Sinne» von gesundem Menschenverstand verleiht eine gute Urteilskraft. Jede geometrische Richtung ist doppelsinnig. Hat das Leben wirklich oder nur bildlich einen Sinn? Das Wort «Sinn» führt uns über die Urteilsfähigkeit und die Umkehrung einer Kraft aus der Welt der Wahrnehmungen in die der letzten Dinge. Doch am Anfang hängt alles von einer gesunden Geschärftheit der fünf Sinne ab.

Die Arbeit am Atem und am Ton zeigt die ängstliche Mentalisierung der Sinne auf und ermöglicht es, ihnen durch Übungen ihre natürliche Spontaneität zurückzugeben, indem sie in die Gesamtharmonie des Körpers reintegriert werden. So erhält das durch die fünf wahren Sinne informierte wesentliche Sein in der wiedergefundenen respiratorischen Stille Zugang zum sechsten: der psychischen Intuition und vielleicht, *alt genug geworden*, zur siebenten, der spirituellen Intuition.

Initiatorische Arbeit und stimmliche Arbeit bringen den daran Arbeitenden in jedem Sinne dazu, seinen Werkstoff zu läutern, um in ein gutes Einverständnis mit ihm zu kommen, ihm eine harmonische Form einzuhauen und so schließlich ein Zeichen zu werden. Diese im eigentlichen Sinne alchimistische Verwandlung bestimmt das menschliche Gleichgewicht in seiner gegenwärtigen Inkarnation und in der Qualität seines Werdens. Deshalb läßt sich V.I.T.R.I.O.L., die initiatorische Formel, welche die ganze Methode inspiriert, auch als V.I.T.R.I.O.L.V.M. lesen, indem die beiden Wörter *«Veram Medicinam»* hinzugefügt werden. Die vollständige hermetische Formel bedeutet dann: Besuche das Innere der Erde und, durch Läuterung, wirst du den verborgenen Stein, die wahre Medizin, finden.

Anhang

Dank

Es liegt mir daran, allen Personen zu danken, die mir durch ihre besonderen Kenntnisse und ihre geistige Offenheit dabei geholfen haben, die Perspektiven meiner Arbeit fortwährend auszuweiten.

Einer dieser Menschen verdient besondere Erwähnung. Da ich durch meine *Berufung* zur mündlichen Überlieferung zurückgekehrt bin, hätte ich dieses Buch kaum selbst schreiben können. Nur Guy Léga, seit zwanzig Jahren mein Freund und Begleiter auf der Reise nach innen, zudem Liebhaber einer schönen Sprache, vermochte meine Erfahrung zu formulieren. Ihm sei dafür, daß er es so gut getan hat, mein besonderer Dank ausgesprochen.

Anmerkungen

1 Das französische Logo chanter (singen) – chantier (Werkplatz), ein Wortspiel, läßt sich nicht adäquat ins Deutsche übersetzen (Anmerkung des Übersetzers).

2 Wieder ein Wortspiel: chanter (singen) – enchanter (verzaubern), für das es in der deutschen Sprache nichts Gleichwertiges gibt (Anmerkung des Übersetzers).

3 In der japanischen Weisheit wird das Lebenszentrum des Menschen, das sich knapp unter dem Bauchnabel befindet, als *Hara* bezeichnet. Wörtlich übersetzt bedeutet das Wort *Bauch*. K'i oder q'i steht für einen *Atem*, der die ganze irdische Atmosphäre, den Menschen eingeschlossen, erfüllt. Je nach literarischer Quelle wird diese Auffassung durch einen der folgenden Ausdrücke umschrieben: «universeller Atem», «universelle Energie» oder auch «Geist». K'i ist zweifellos das alles und noch ein wenig mehr ...

4 In der deutschen Sprache hat das Verb «aufrichten» (französisch: «dresser») nicht dieselbe Mehrdeutigkeit wie im Französischen, weshalb sich eine solche Deutung nicht adäquat übersetzen läßt (Anmerkung des Übersetzers).

5 Wie im nächsten Kapitel noch erläutert wird, haben bestimmte Kulturen versucht, diesen Verlust an symbolischem Sinn durch Kalligraphie oder die Kabbala zu kompensieren.

6 Abgeleitet von rufen, was wiederum mit dem Ruf, der Stimme, zusammenhängt.

7 Existieren, *ex-sistere*, was bedeutet «außerhalb gestellt sein», steht hier im Gegensatz zu insistere, «hineingestellt sein» oder «sich stützen auf». Die Gnosis kennt die Vorstellung eines gefallenen Existierenden, der sich außerhalb seines Seins im Exil befindet und sich durch eine Rückkehr zum ursprünglichen Zentrum, das sich in ihm selbst befindet, in seine Heimat reintegrieren muß.

8 Diese etymologische Erklärung ist nur für das französische Wort «connaître» (erkennen) sinnvoll. Es bedeutet wörtlich «geboren (naître) mit (von lateinisch cum)».

9 Wir nutzen zwei verschiedene Energiequellen: Einatmen und Aufnahme von flüssigen und festen Lebensmitteln. Zum Ziel dieser Lebenskunst, zu der die Arbeit an der Stimme einlädt, gehört selbstverständlich auch die Suche nach einer ausgewogenen Ernährung.

10 Dieses Arbeiten an der Schaukelbewegung ist nur eine erste Etappe. Anschließend muß man einen Tonfaden durch das i ziehen: Das Wollknäuel ist in der Schachtel; der Faden geht durch ein Loch hindurch, und man zieht daran. Man zieht am Druck und an der Vertikalität, so daß, nachdem Atem und Ton in das Hara verschoben sind, noch die Vertikalität des Tons rekonstruiert werden muß.

11 *phersu*: «maskierter Mann».

12 Früher bedauerten die Schüler, daß sie über keinerlei Aufzeichnungen verfügten, durch die sie ihre frühere Stimme mit der dank dieser Arbeit erworbenen hätten vergleichen können. Jetzt wünschen sie sich eher Fotografien, um die Veränderungen auf physiologischer Ebene objektiv feststellen zu können. Solche Bitten, die immer erst später vorgebracht werden, zeugen von einem berechtigten Bedürfnis nach Selbstbeurteilung. Dieser Wechsel vom Ton zum Bild ist auch kennzeichnend für die Entwicklung, die unsere Arbeit im Laufe der vergangenen Jahre durchgemacht hat.

13 Die Chakren 6 und 7 können anders bezeichnet werden: Den Schülern steht es frei, sie als mental oder intellektuell aufzufassen, wenn sie es wünschen. Auch die Werke von Dürckheim und Herrigel, in denen während der Gruppenarbeit gelesen wird, enthalten eine dreifache – physiologische, psychologische und spirituelle – Botschaft; der Begriff «Spiritualität» wird jedoch nie für verbindlich erklärt: Guénon hat gezeigt, daß sich von einer bestimmten Bewußtseinsstufe an keine Unterscheidung zwischen Intellektualität und Spiritualität mehr rechtfertigen läßt.

14 Diese Periode, in der Sein und Persönlichkeit gewissermaßen auseinanderfallen, ist bisweilen an einer stärkeren Ausprägung der Lateralität des Gesichts erkennbar: Die linke Hälfte des Gesichts steht in einzigartigem Kontrast zur rechten Hälfte.

15 Die sprachliche Diversifizierung der Menschheit seit ihrem Ursprung wäre unter einem doppelten Gesichtspunkt einer Untersuchung wert. Wäre es vielleicht möglich, den Einfluß einer Landschaft, einer bestimmten Umwelt auf die Entstehung einer Sprache an einem besonderen Ort abzuschätzen? Und weiter: Welche Wirkung übt jede Sprache aufgrund der besonderen Art, wie sie gewisse Töne verwendet und vorzieht, auf das physiologische und psychische Verhalten der Menschen aus, die sie sprechen?

16 Eine Unterscheidung zwischen *sakral* und *profan* hat nur in der modernen Gesellschaft einen Sinn. Aus der Tradition läßt sie sich nicht rechtfertigen: Jeder Akt hat eine sakrale Dimension, die ihm einen klar umschriebenen Sinn gibt.

17 Ein Wortspiel, das sich auf deutsch nur unvollkommen wiedergeben läßt. Es beruht auf «il élève», er (der Gesang) erhebt, und dem Substantiv «élève», Schüler, Jünger.

18 wie in bohren.

19 auf italienisch: *aperto coperto*, «geöffnet und bedeckt».

20 Wahrer Gesang ist immer das Ergebnis einer vollständigen Rekonstruktion des Instruments. Singen bedeutet, die Stimme fließen zu lassen, so wie der Schrei des Säuglings ganz natürlich fließt. Die großen einstigen Stimmen gehörten wirklichen «bestens rekonstruierten Kleinkindern», Sängern, die sangen, wie sie sprachen, gewissermaßen bis unmittelbar vor ihren Tod, im Gegensatz zu gewissen zeitgenössischen Künstlern mit Blitzkarrieren. Stellvertretend für diese stimmliche Langlebigkeit sei Helge Rosvaenge erwähnt, der im Alter von 65 Jahren auf den Bühnen in den Vereinigten Staaten debütierte, ebenso Germaine Lubin, Hans Hotter, Gottlob Frick, Kirsten Flagstadt, Hans Beirer, Lauritz Melchior, Max Lorenz und Astrid Varnay.

21 Seine Schmäher unterscheiden nicht zwischen seinem Werk und dessen Mißbrauch in den Jahren der braunen Diktatur.

22 Das griechische Wort *Enthusiasmus* bedeutet «in (oder zu) Gott» und ist von *theos*, Gott, abgeleitet.

23 Osteopathen, Anhänger der Kriegskünste oder der traditionellen chinesischen Medizin, sind durch solche Beobachtungen in engen Kontakt miteinander gekommen.

24 Aus dem Gedächtnis zitiert.

25 Etymologisch bedeutet *Tradition* «Übermittlung».

26 Alte Initiationsformel.

27 Weshalb soll man diesen Begriff aus der Wirtschaftspolitik nicht auf unser Alltagsleben anwenden, insofern dieses «dirigistisch» ist?

28 Es ist zweifellos kein Zufall, daß die plötzliche Befreiung dieser Energie in den Kriegskünsten *k'iaï* heißt. Es dürfte sich um die Abgabe des richtigen und vollkommenen Tons handeln, die auf eine lange Phase der meditativen Konzentration folgt.

29 Bei Knötchen wäre das nicht notwendig.

30 Ich erwähne als Beispiel eine Arbeit, die vom Institut Marie Haps der Katholischen Universität Leuven angenommen worden ist: *Analysieren, aufbauen und harmonisieren durch die Stimme – Methode Wilfart.* Catherine Chautard hat sie im akademischen Jahr 1991–1992 verfaßt.

31 Sacrum = Os sacrum (Kreuzbein).

32 Der Ausdruck «primitiv» hat hier keinerlei abwertende Bedeutung, sondern bezeichnet eine Art Menschsein, das dem ursprünglichen Naturzustand nahesteht: *primitivus*, «der als erster geboren wird».

33 Cf. Claire Lucques, *M. Zundel, Versuch eines Porträts*, Paris, Médiaspaul, 1985, S.188.

34 Übersetzt nach *Le Protreptique*, 5,6, *Sources chrétiennes*, 2).

35 Cf. *Petite Philocalie du coeur*, Jean Gouillard, Paris, Seuil, 1979, S.16f.

36 *De l'ornement des Noces spirituelles*, Bruxelles, Eperonniers, 1990, S.212.

37 *Sermons*, Paris, Desclée, 1927, S.301.

38 *Ibid.*, S.296.

39 *Pèlerin chérubinique*, Paris, Aubier, 1946, I, S.93.

40 *Ibid.*, S.217.

41 *Ibid.*, III, S.188.

42 *Ibid.*, IV, S.197.

43 *Ibid.*, V, S.363.

44 *Ibid.*, V, S.366.

45 *De l'intimité spirituelle*, Paris, Aubier, 1955, S.40, 49.

46 *Questions sur l'homme*, Paris, Stock, 1973, S.149.

47 Zitiert von Jean Lafrance in *La Prière du Coeur*, Dourgne, Abtei Sainte-Scholastique, 1978, S.30.

48 *Sur le Psaume 32*, zitiert von Humeau, *Les Plus Belles Homélies de Saint Augustin sur les psaumes*, Paris, 1947, S.11.

49 Ich entlehne dieses Zitat dem Buch von Catherine Chalier: *L'Alliance avec la nature*, S.13.

50 Zitiert nach dem Buch von S. Weil: *Intuitions préchrétiennes*, S.129.

51 Zitiert von M.-M. Davy, *Initiation à la symbolique romane*, S.244.

52 Das gilt nur für die französische Sprache (Anmerkung des Übersetzers).

53 Zum Zufall: Mit Interesse nimmt man zur Kenntnis, daß die Wurzel *spir* infolge einer wirklich erstaunlichen Koinzidenz im Lateinischen und Griechischen die schraubenförmige Bewegung beschreibt; in den heutigen Sprachen ist daraus das Wort *Spirale* entstanden: Rückkehr zum Zentrum, Entwicklung von einem Zentrum aus.

54 Cf. die chinesische Kunst der Han-Epoche.

55 Bei dieser Darstellung muß man sich immer der Doppelbedeutung des französischen Verbs «inspirer» («einatmen» und «inspirieren») bewußt sein. In der deutschen Übersetzung ist sie nicht adäquat wiederzugeben (Anmerkung des übersetzers).

56 Das französische Wort für Spitzbogen, «Ogive», ist vom lateinischen Wort *obviare*, «sich gegenüberstehen», abgeleitet.

57 Das Wort «Handwerker» wird hier in seinem hermetischen Sinn ver-

wendet; gemeint ist der Mensch, der sich dem großen Werk der Verwandlung geweiht hat.

58 Da die Bedeutungsvielfalt in den beiden Sprachen nicht die gleiche ist, wirken einige Beispiele in der deutschen Übersetzung unvermeidlich etwas erkünstelt (Anmerkung des Übersetzers).

Literaturhinweise

Catherine Chautard, *Analyser, construire, harmoniser par la voix, et énergétique chinoise,* Abschlußarbeit an der Katholischen Universität Löwen, Institut Marie Haps, 1991–1992.

Gérard Dubois, *Analyser, construire, harmoniser par la voix, et énergétique chinoise,* Abschlußarbeit an der Universität Louis Pasteur in Strasbourg, Medizinische Fakultät, Abteilung für Akupunktur.

Karlfried Graf Dürckheim, *Hara, die Erdmitte des Menschen,* Barth-Verlag, Weinheim, 1970.

Eugen Herrigel, *Zen in der Kunst des Bogenschießens,* Scherz Verlag, Bern, München, Wien, 1993.

Serge Michael, *La Voix de la vigilance intérieure.*

Annick de Souzenelle, *De l'Arbre de Vie au Schéma corporel – Le Symbolisme du corps humain,* Editions Dangles, collection Horizons ésotériques, 1977.

Serge Wilfart, «Correction phonétique par l'éducation de la respiration», *Revue de Phonétique appliquée,* Nr. 82, 83, 84,Université de l'Etat, Mons, Belgique, 1987.

Alfred Tomatis

Das Ohr und das Leben

Erforschung der seelischen Klangwelt

388 Seiten mit 10 Abbildungen, gebunden

Alfred Tomatis hat mit seinen medizinischen Forschungsarbeiten über das Ohr, über die Ausbildung des Gehörs, über die psychosomatischen Dimensionen des Hörens vergessene Welten erschlossen. Er hat Therapieformen entwickelt, die es möglich machen, über das Gehör die frühesten Erfahrungen des Menschen bis hin zur vorgeburtlichen Erfahrung heilend zu erfassen. Die Forschungsergebnisse des Autors betreffen jeden einzelnen Menschen in seiner Hörsensibilität und machen so die Lektüre zu einer Forschungsreise zum eigenen Hören.

WALTER-VERLAG

Chrysta Norton

Die verlorenen Träume

Selbstfindung durch Collagen

132 Seiten mit 20 Farbtafeln, gebunden

Dem Zauber der phantasievollen, spielerischen Collagen und der dazugehörigen poetischen Verse dieses Geschenkbuches kann der Betrachter sich nicht entziehen.
Jedem der stimmungsvollen Bilder hat die Autorin einen kurzen, gehaltvollen Text beigefügt. Dabei geht es ihr immer um das, was uns daran hindert, zum echten Menschsein zu gelangen, und um das, was uns darauf hinführt: um Klammern und Abgrenzung, um Angst und Befreiung, um Selbstentfremdung und Selbstliebe.

Ruth Rufer

Lebendig im Atem

Selbsterfahrung und Therapie durch Atemarbeit

200 Seiten, Broschur

Der Autorin geht es nach einem anschaulichen Einblick in Theorie und Praxis der «Atemarbeit auf den Grundlagen des erfahrenen Atems» – wobei sie besonders die Bedeutung des Weiblichen bei der Atemerfahrung herausarbeitet – darum, deren therapeutischen Möglichkeiten und auch deren Grenzen in Zusammenhang mit der Jungschen Psychologie aufzuzeigen.

WALTER-VERLAG